Can Finance
Save The World?

金融能否拯救世界

巴特杭·巴德黑
Bertrand Badré
——著

謝樹寬
——譯

各界讚譽

「不論你同不同意，巴特杭·巴德黑確實寫下對金融未來極其重要的著作。他為全球金融倫理提供扣人心弦的願景，相對之下，當前的政治辯論顯得瑣碎且欠缺深度。」

——羅倫·桑默斯（Lawrence H. Summers），哈佛大學前校長暨財政部前部長

「巴特杭·巴德黑和所有人一樣清楚金融讓人希望幻滅的原因何在。在這本重要且有挑釁意味的書裡，他指向一個新的世界，金融不再是威脅，而是為秩序、穩定、信心、成長和更加公平而服務的僕人。」

——以撒·蘇雷曼（Ezra Suleiman），普林斯頓大學政治學教授與國際研究 IBM 教授（IBM Professor of International Studies）

「巴特杭確實親眼目睹金融危機的內幕，並從中得到教訓。更重要的是，本書證明行動實際可為，知行合一而不是只坐著空談。」

——里加多．恩斯特（Ricardo Ernst），喬治城大學麥克多諾商學院巴拉塔全球商業主任（Baratta Chair in Global Business）兼營運與全球運籌教授（Professor of Operations and Global Logistics）

「一個醒世警鐘。一份關於支持金融新革命以改善生活之必要，由專家做出的寶貴綜述。」

——羅納．柯恩（Ronald Cohen），全球社會影響力投資督導小組主任（Chair, Global Social Impact Investment Steering Group）與安佰深集團共同創辦人（cofounder of Apax Partners）

「本書對任何有興趣了解金融何以在此時代如此強大的人來說，都是必讀之作。金融能否拯救世界？或許可以，不過它也可能殘害世界。巴德黑的洞見反映出他獨具的敏銳智識和在國際金融領域的實務經驗。」

——馬蘇德．阿哈邁德（Masood Ahmed），華府智庫全球發展中心主席（President, Center for Global Development）

「這本書強烈呼籲全球領袖採取行動，創新公營、私營與社會部門合作方式，也描述在聯結政治與社經領域的利害關係人方面，金融扮演重要且意想不到的角色。」

——鮑達民（Dominic Barton），麥肯錫公司全球總裁

「每個人都說我們需要更多公共投資，每個人都說公家與民間部門應該一起合作。但沒有人告訴我們怎麼做——直到巴德黑實事求是地、且有如神助般地在本書勾勒出來。」

——亞當・鮑森（Adam S. Posen），彼得森國際經濟研究所所長

「生動多彩、正面衝擊、而且引人入勝！巴特杭・巴德黑提出重塑國際金融架構和動員全球金流推動全面性成長的提案。這本書在我們持續理解全球金融危機影響的時刻，號召我們全體一同行動。」

——安哲爾・古瑞亞（Angel Gurria），經濟合作暨發展組織（OECD）祕書長

「巴特杭．巴德黑做出具說服力的論述說明金融機構——特別是多邊開發銀行——如何幫助人類克服從氣候變遷到尋求建立更公平社會種種最重大的挑戰。他的書對開發金融的辯論是極有價值的貢獻。」

——路易斯．阿爾貝托．莫瑞諾（Luis Alberto Moreno），美洲開發銀行總裁

「巴特杭．巴德黑深具創意和洞見的書描繪了國際金融這個極其重要的社會工具在實務和倫理向度的全貌。」

——約翰．尼格羅龐蒂（John D. Negroponte），美國駐聯合國前常任代表暨美國前副國務卿

「金融，如任何人類活動一樣，都是為了共同的善而服務。基於這個創新想法，巴特杭．巴德黑在這本入門書中，把金融當成工具而非目的，條列出人類可以且應該探索並擁抱的幾個途徑，以應付今日面對的挑戰。在世界身處十字路口的時刻，這是一份為我們選擇正確道路、深具啟發性且實用的邀請。」

——休伯特．喬利（Hubert Joly），Best Buy主席兼執行長

「在不確定且國族主義高漲的時刻，巴德黑為金融與生具備的全球性本質和它可做為善工具的能力提出了強有力的提案。」

——阿古斯汀·卡斯滕斯（Agustin Guillermo Carstens Carstens），墨西哥銀行總裁

「藉由他深厚專業學養、廣泛的實務經驗以及身為內幕知情人士的有利觀點，巴特杭·巴德黑提供重要的洞見，讓我們理解社會能夠——而且必須——重新掌控雙極性的金融體系，以提供全世界更多的人們更好、更具永續性的成果。」

——伊爾艾郎（Mohamed El - Erian），安聯首席經濟顧問（Chief Economic Advisor, Allianz），太平洋投資管理公司前執行長（former CEO, PIMCO）

「在澳洲擔任G20輪值主席時，巴特杭·巴德黑與我曾一同推動G20基礎建設議程。我們當時推動的理念正是《金融能否拯救世界？》的核心。概念雖不可少，不過這本書討論的是如何嘗試和行動。這是真正的行動號召。」

——喬·霍基（Joe Hockey），澳洲駐美國前大使，澳洲前財政部長，G20前主席

「一份強而有力的集體行動藍圖。面對經濟國族主義浪潮的興起，巴德黑製定計畫以應付從氣候變遷、流行病、基礎設施與水資源不足、到難民問題等前所未有的全球性威脅。透過『像橘子的藍永續基金』的新提案，巴德黑正在實踐自己宣揚的理念，重新構想金融能夠成為弱勢族群爭取公平機會的力量。」

——安東尼奧．魏斯（Antonio Weiss），哈佛甘迺迪學院資深研究員

「這本書令人耳目一新。作者對金融體系的缺失及其可能性都有深刻理解，書中對於金融的失敗提出冷靜的分析。不僅如此，它更進一步提出建設性的觀點，告訴我們在檢討錯誤之餘，如能牢記金融對經濟與社會發展的巨大潛能，將可達成可觀的成就。事實上，他主張把金融體系正確的創新，當成解決今日全球問題和創造更公平世界不可或缺的要素。」

——克勞斯．史瓦布（Klaus Schwab），世界經濟論壇執行董事長

「金融危機之後，改革努力的焦點被放在如何讓全球體系更加安全，好讓危機『不可能再發生』。不過巴特杭．巴德黑則是關注前瞻性的挑戰，在促進經濟成長的同時，讓金融更有效為社會和環境進步的更廣泛利益效力。」

——約翰．李普斯基（John Lipsky），約翰霍普金斯高等國際研究學院資深研究員，國際貨幣基金（IMF）前第一副主席

「巴特杭．巴德黑對於金融達成永續發展目標所扮演的角色，提供了關鍵的分析。我們都同意未來前進的道路不可能『一切如常』（business as usual）。正因如此，這本書很有幫助、很重要、而且來得正是時候。它是一份啟發多方利害關係者的社會行動指南。」

——夏洛特．佩崔．葛尼茲卡（Charlotte Petri Gornitzka），經濟合作暨發展組織（OECD）發展協助委員會主席

「巴特杭為打造一個包容性的世界，提出運用金融做為善與包容之力量的一些想法。人類藉由這種包容性來處理包括全球暖化、流行病和社會不公平等迫切的問題，將可大大幫助減少在許多國家引發政治危機的社會不安。」

——保羅．德斯馬萊三世（Paul Desmarais III），鮑華金融集團資深副總裁（Senior Vice President, Power Financial Corporation），Portag3創投與Sagard持股公司執行主席（Executive Chairman, Portag3 Ventures and Sagard Holdings）

目錄

推薦序一　運用金融而非為金融效命

常聽人們對金融遽下論斷。有人說，金融是剝奪人們主權的人民之敵。也有人說，金融是人性貪婪的具體表現；它純粹是支配的工具，讓不費勞力創造價值、不事生產累積財富成為可能。更有人說，金融已成了一門宗教，社會在它面前理應俯伏敬拜。這些描述都沒有切中要點。他們未曾理解金融涵蓋了各樣的現實。這些說法無法讓人理解金融不過是為人們的目的服務的工具而已。我們應該運用金融——而非為金融效命。

金融的核心並不是要局限我們，而是要為我們效勞。這是巴特杭．巴德黑在這本美好作品中要強調的真相，也是近年來我和他不時地一起思考的問題。巴德黑過去的所有工作經驗，讓他以獨特角度見證改變世界的重大事件，諸如貿易的加速進行、經濟體的持續整合、各種新挑戰——尤其是環境方面——的出現以及新危機的降臨——特別是對安全的威脅。

他在本書中分享的想法，是要召喚我們採取果斷的行動。

事實上，近來的歷史顯示我們集體選擇了不作為的現象。奠基於布列敦森林協議、馬紹爾計畫以及歐洲共同體建構的初創工程，透過歐洲在二次世界大戰後數十年的繁榮，打造了一個穩定而有組織的金融體系。這個金融週期被停止美元兌換黃金，及隨後的第一次能源危機所打斷。經歷這次震盪與隨後的停滯性通貨膨脹，一九八〇年代的保守主義和新自由主義革命開啟了經濟史的新階段。經濟成長，進步可觀。不過隨著各個政府啟動資本流動、大幅減少監管以及擴張公共與民間債，政府最終也釋出了他們的權力，讓金融為更大的目標來服務，或利用金融做為行動的工具。二〇〇七年的金融危機，突然之間揭開了這個有害體系的面紗。其衍生的政治與社會失序及製造的傷害，就是它帶來的狂暴結果。不過，如果我們驟下結論，斷定這場危機是對於金融價值的否定，將是個嚴重的錯誤。我相信這是一個誤解。這場危機的重要教訓是，我們迫切需要取回對全球金融體系的掌控。特別是，我們必須面對三個全球性的挑戰。

第一個挑戰在於環境。我相信生態的轉變一開始必然來自經濟上的轉變。當美國總統似乎棄守這個戰場的時刻，法國與歐盟必須認知到自己身上肩負的責任更加重大。為達成功，我們必須加速動員民間和公共的行為者、政治人物、與公民社會。同時我們也需要廣泛運用全球儲蓄，以達成生產模式的轉型並創造環境創新的條件。最後，重新組織金融體系，讓它對當前生態要務做更好的整合也至關重要。金融是可以取得進展的場域，像是長期的會計規畫，外部成本估價（尤其是碳價）以及對經濟行為者問責。在這方面，法國認知到自己的角色並站到了最前線。巴黎金融中心正陸續採行策略和規則，致力成為國際綠色金融的領導者。我將鼓勵這股支持善用金融的運動。

第二個挑戰在創新。如今我們的經濟體，已不同於三十多年前的情況，我們不再設定迎頭追趕的優先目標、或制定大型的計畫。我們的目標也不再是仿效海外構想的產品；而是從已開發國家與全世界各國尋找創新。新興模式的優點和力量在於公司企業能與數以百萬計的用戶們結盟。其結果是驚人的去中心化、更加扁平式的經濟，而其中問題關鍵在與能否持續投資以創造就業並鼓勵企業成長。數位的革命已證明它本身處在金融週期的最核心。也因此它釋放的能量似乎沒有止境；其效應巨大、可能引發憂慮。不論如何，它們應當讓所有人都能受益。在這個戰鬥中，我們應該充分運用金融可扮演的角色。投資必然遠超出政府的能力。公家和私營部門之間的合作需要新方法和工具，光是更好的監管並不足夠！我們在金融領域同樣必須創新，讓所有產業和所有行為者都從這股進步的浪潮中獲利。而這個如此關鍵的創新如今正在新的框架下開展。巴德黑提到了他與羅納．柯恩爵士（Sir Ronald Cohen）交流意見時說：「十九世紀是獎勵的時代，二十世紀是風險／獎勵的時代，二十一世紀看來會是風險／獎勵／影響力的時代。」我在法國主導的，正是以投資為核心的經濟政策。

更廣泛而言，它是歐洲整體的重大問題，歐洲必須做更多且更好的投資以加速數位革命，勇敢踏入新經濟。

第三個挑戰在於發展。發展的需求巨大，迫切程度則更甚以往。氣候變遷、移民潮的興起以及前所未有的流行病相關風險，都需要我們即刻行動和動員所有必要資源。同樣的，光是公家機構將無法應付這個全球性的挑戰。錢就在那兒，但是分配嚴重不均。重要的是重新塑造國際合作的新形式，透過因應新的需求來更新我們的多邊工具，並鼓勵私人機構為公眾利益承擔風險——在最有需求之處做最大的投資。

環境、創新和發展，這三個全球性挑戰是金融危機十年後，我們要構想和打造的新典範中的核心問題。整體而言這三者沒有金融就無法處理，不過這裡的金融必須要是有用的、有責任的金融。拒絕讓金融體系為我們效勞，等於毫無作為，為我們集體性的失敗準備了有利條件。當然，本書無法提供所有的答案和解決方法。不過它讓我們得以對抗失敗論者，衰退的篤信者以及所有臆測或是論定我們已束手無策的人。是的，金融可以幫助拯救世界。這全看我們是否要宣告擁有它，將它握在自己手中。

推薦人簡介——伊曼紐．馬克宏（Emmanuel Macron）。第二十五任法國總統。

推薦序二　尋找新國際金融架構

幾乎少有人像巴特杭．巴德黑這般，為揭露全球化帶來的挑戰如此盡心盡力。也少有人像他一樣，對於管理全球化以協助最需要幫助的人，做出如此多積極的提案——一開始是以世界銀行財務長的身分，之後則是擔任「從數十億到數兆」（From Billions to Trillions）提案中激勵人心的規畫者，這個提案已在阿迪斯阿貝巴會議中通過，做為「永續發展目標」（Sustainable Development Goals）的籌資方式。如今他以管理國際金融的新計畫向我們提出挑戰，並以這本新書的作者身分，帶領我們對全球化的全新思維，並建議如何讓它在全世界最貧窮地區發揮功效。

迪恩．艾奇遜（Dean Acheson）曾談到他在一九四五年後，身為美國外交官及稍後以美國國務卿身份，推展新機構所扮演的角色，他形容這是「親歷創造」（present at the creation）的經驗。當時的任務，是要在國家仍彼此疏離的世界中，建構一個多邊機構。而如今新的世代——一個相互依存的後千禧世界，所有全球性的問題都需要全球性的解決方式。巴德黑與其他重要的經濟學家們也同樣正在親歷創造，或者至少是嘗試為這個還算新的世紀創造一個新的、更有相關性的全球性架構。

在世紀交替時刻出現的新思維，啟動了具有開創性的「千禧年發展目標」（Millennium Development Goals），它在一九九九年當時聯合國祕書長柯菲・安南「共享價值的全球契約」（global compact of shared values）的呼籲下正式上路。安南在充滿願景的演說中認為，「社會與政治體系因應配合的步伐，已經趕不上市場擴展的速度」。他提醒大家，在極端分子操作不滿情緒的情況下，全球化極其脆弱，「易受害於……保護主義、民粹思想、國族主義、民族沙文主義、狂熱思想和恐怖主義」，也因此他提出了對抗貧窮、營養不良、疾病、文盲、與不公平的新方式。[1]

而在二〇〇〇年依據「千年發展目標」正式啟動的倡議，經歷了二〇〇八年全球金融危機，以及從處理氣候變遷理解到全球協調配合的迫切性之後，如今需要重新思考、調整、簡化。巴德黑在本書中也勾勒出這個全球思維演變的過程。

正如他所說，金融是個好的僕人，卻是糟糕的主人，而全球金融衰退暴露出了我們雖然有全球性的銀行與金融機構，但是它們在純粹國家級的監管體系下，並未受到充分的監督。這個危機也點出了更重大的問題：它考驗著自我調控的金融市場這個核心觀念，而這個牽涉甚廣的問題，也迫使全世界各國領袖不得不同意嘗試史上最大規模的救援行動。

為了支持全球經濟復甦，總共將有一兆美元投入於援助、貸款、支持貿易的擔保，不過如巴德黑指出，要把這場救援任務轉化為修復世界金融體系的作業，我們還得做得更多。儘管全球的「金融穩定委員會」（Financial Stability Board）的功能強化受到好評，沒有人能確定我們做的是否已經足夠，可保證我們安然度過下一次金融危機。

從二〇〇九年十二月失敗的哥本哈根氣候變遷高峰會，到二〇一五年十二月巴黎會議的成功，有一些降低全球碳排放的新思維被開發出來。這些努力的部分成果，已經包含在「永續發展目標」中；這些「永續發展目標」是在巴特杭．巴德黑積極籌劃的阿迪斯阿貝巴會議後，由聯合國在二〇一五年九月無異議一致通過的。如今新的「永續發展目標」已不再將經濟發展、社會正義與環境永續視為相互對立，而是彼此反饋互補的目標。但是，問題仍在於，在金融艱困時期我們如何實現這些目標，以及促成這些目標所需要的多邊合作能被提升到什麼程度。

雖然我們都同意讓世界更加聯結並彼此依存，但是我們共同處理迫切議題的能力，卻因為貿易保護主義和國際經濟援助的減少而減弱。正如聯合國全球契約（UN Global Compact）的主管喬治．柯爾（George Kell）最近提到：多邊主義的主張必須重申。或許每個不同世代對於多邊協同行動都需要有新的論述，但此刻更甚以往。而巴德黑這一系列論文的目標正是要再造多邊主義：他希望發展出更好的方式來為共善調動資金，讓金融不再是全球經濟穩定的威脅，而是解決經濟與社會問題的鑰匙。

強調提升全球合作迫切性的新思維，在巴德黑對全球化的意義以及如何改進全球化管理所做的分析中得到了支持。全球化可以用很多方式來描述：有人僅只把它視為一個經濟現象；有人則是視它為文化現象——全球都吃著同樣的食物，看著相同的電視，諸如此類；也有人將它看為不過是資本主義經濟演化和市場發展的一個新階段。

不過，如果我們從辨識近來所見證的國際經濟板塊移動著手，我們可以進一步理解它所衍生的不滿，以及主張提升全球合作的人們所需克服的挑戰。

當然，我們已經看到自一九八〇年代以來的通訊革命，它讓我們得以即時跨越邊界相互聯結。然而，從一九八〇年代以來有另外兩個重大改變橫掃全世界——一個轉變是從以國家為主的資本流動轉為全球的資本流動，以及從國家貨品與服務的資源利用到全球的資源利用。這些轉變對現代經濟體的產業與就業結構產生了巨大的影響。產業的變化，讓採礦業和製造業在現代經濟體的就業比例降低了，它在英國工業革命的最高峰時期曾占去40％的就業人口。根據泰勒．科文教授（Tyler Cowan）研究：「在美國，參與製造業的勞動力比例在一九七〇年代達到最高25%至27%。在瑞典，製造業雇用比例在一九六〇年代到達最高的33%，而在德國，製造業雇用在一九七〇年代最高達40%。南韓在一九八九年製造業占勞動比例達28%。」

不過，像巴西和印度這類新興市場，製造業幾乎不曾超過僱用比例的15%，被丹尼．羅德里克（Dani Rodrik）這類作家形容為「過早的去工業化」（premature deindustrialization）。[2]這些數字暗示了過去依靠出口導向的製造業成長的現代化舊模式，已成了發展中國家較次要的脫離貧困路徑；其問題的重要性已經不若今日低收入國家會面臨什麼樣經濟未來。

職業的變化最重劇烈的變動在於它創造了極化的（polarized）勞動力，許多傳統的技術工作如打字員、祕書、店員、管理員、到製圖員和鍋爐工，其重要性已經衰退，而勞動力出現明顯分野，一邊是可獲取高薪（至少目前為止如此）的高教育程度、專業人士的菁英，另一邊則是議價立場薄弱、工作保障有限、同時他們的子女顯然也較欠缺未來機會的非技術性或半技術性的廣大群眾。

這類問題並不是先進經濟體所獨有。全球化所給予的許諾跟人們實際生活經驗到的不安全感、失業、生活水準停滯不前，其落差是如此明顯。我們幾乎可以確定未來會有更多的阿拉伯之春、更多的占領華爾街運動，以及更多「取回控制權」的示威抗議。

這會帶來什麼影響呢？全球化創造了合作的需求，但同時也喚醒了人們對歸屬感的需求。雖然邏輯思考上大家要的是經濟整合，但是情感上卻是要我們「把控制權拿回來」——在各大洲的保護主義運動中，這句話已成了常見的口號。這種不滿的情緒，要求著政治上的回應。國家（nation states）認知到認同的重要性與合作的迫切需要，必須在人民渴望的國家自主性與我們所需的邊界共享之間取得平衡。這確實是一個找尋平衡點的行動：過度的整合讓文化與認同受到威脅。整合過於不足，則有繁榮不保的風險。

因此政策的當務之急具有雙重性：做為全球的經濟體的一分子，我們要展示協調政策對全球化做良好管理的能力；做為個別的國家，必須在自主性與整合之間取得平衡。引用紐約大學學者喬納森．海伊特（Jonathan Haidt）的話來說：「在二〇一六年之後，西方國家面臨的大問題可能如下：我們如何收割全球合作在貿易、文化、教育、人權以及環保的成果，同時不忘尊重——而非削弱或是摧毀——世界上許多各有傳統與道德規範的本地、國家以及其他『地域』的身分認同？在什麼樣的世界裡，可以讓全球主義者與國族主義者和平共處？」[3]

歐洲與歐洲之外的國家，如今不得不回應國族主義者與保護主義者的施壓，表明他們已取得恰當的平衡。關於各國政府如何透過訓練、僱用和所得支持政策（income support policy）來協助在全球變化中流離失所的人們，已經出現許多的討論。相對之下，如何讓國際架構更趨完善的論述則較為稀少。巴德黑的作品提供給我們一些幫助，他告訴我們，全球合作在哪些地方可以如何提升，以達成最好的效果。這並不是關於開放社會或是封閉社會之間的選擇：真正的抉擇是在於，我們要選擇像巴德黑這樣的人，來領導、管理、並且馴化一個照理說始終都應該開放的全球經濟體，還是要選擇那些反對干預的全球主義者——不論他們是基於全球任憑取用的新自由主義想法，或是想透過庇護、隔絕、保護自己免受改變。

針對我們如何透過修復與改革全球金融體系來強化全球合作，以及如何籌募「永續發展目標」所必要的資金，巴德黑提出了創新的提案。他從一九九〇年代開始的全球衛生創新倡議，如今已經擴展到為基礎建設和全球教育等公共財提供資金的建議。新一波的提案則圍繞著基礎建設和其他領域公家與私營夥伴關係的新角色之上展開。

安南在一九九九年提出全球契約時，他呼籲個別企業與企業整體「在人權、勞動標準以及環境實作的領域中，應擁抱、支持、並實行一套核心價值」，同時應該「運用這些普世價值來鞏固你們的全球企業，因為它們是全世界的人們都自我認同的價值。」他補充說：「除非這些價值真正被視為是堅定不移的價值，否則我擔心為開放的全球市場提出具說服力的主張會越來越困難。」他所指的或許不僅是人權、勞動標準以及環境實作這些價值，同時也牽涉到企業如何處理民主與法治的議題。自此之後，聯合國全球契約在聯合國祕書長潘基文領導，以及喬治・柯爾主持下擴展了我們對可能性的看法。如柯爾所說：「全世界各地越來越多的公司已開始依據普世原則，在社會重要任務與企業使命、策略和運作之間尋求折衷……在透明化的時代，投資者行為帶來的社會和環境影響已無法再轉嫁外部。它們必須追究責任並標定價格。企業可以同時做好（doing well）並且做對（doing good）。」[4]

巴德黑探索了公共部門如何協助私營與公家合作的進行，克勞斯・史瓦布（Klaus Schwab）在世界經濟論壇的研究，以及桑默斯（Larry Summers）談及世界必須脫離所謂的「長期增長停滯」（secular stagnation）的新思維中，也都曾提到這個觀點。我們應該把目前正逐步孕育而生的新機構——諸如金磚國家銀行（BRICS Bank，包含巴西、俄羅斯、印度、中國和南非）、亞洲基礎設施投資銀行以及絲路基金——也都納入考量。如今我們的挑戰，是從這些新倡議中整理出個更協調一致的想法，並在鼓勵更廣泛討論關於布列敦森林機構之未來的同時，探索我們能否找出共識，建立一套能因應全球持續變化浪潮的新國際架構。一九四五年戰後，全世界都出現各種熱切的新觀念和倡議：如今，我們也需要爆發新思維。

推薦人簡介——戈登・布朗（Gordon Brown）。英國前首相。

推薦序三　現代金融：是主人還是僕人？

二〇一八年，世界銀行前執行董事巴特杭·巴德黑《金融能否拯救世界》一書出版，好評如潮，法國總統伊曼紐·馬克宏和前英國首相戈登·布朗專門為本書撰寫了「推薦序言」。這本中譯本不過十四萬字，並非金融專業性著作，以十年前的世界金融危機為背景，深入解析了為什麼現代金融對人類命運具有至關緊要的影響，如何使之回歸「偉大的僕人」這一重大歷史性和現實性問題。

曾幾何時，在中文世界裡，「金融拯救世界」似乎成為主導概念。像二〇一〇年出版的美國前財政部長亨利·保爾森（Henry M. Paulson，JR.）的《峭壁邊緣：拯救世界金融之路》(*On the brink：Inside the race to stop the collapse of the globle financial system*)，同年，滙豐控股有限公司集團主席斯蒂芬·葛霖（Stephen Green）所著《金融的王道：拯救世界的哲學》（*Good value: reflections on money morality and an uncertain world*）。讀者手中的這本書，則是用了一個問句，對這一主流觀念提出質疑和討論：金融能否拯救世界？而當提出者，曾是世界銀行集團的 CFO 時，自然就增加了它的有趣性，更激發讀者希望了解其所思所想。

第一，二〇〇八年世界金融危機的嚴重性。二〇〇八年世界金融危機是自第二次世界大戰以來，甚至是一九三〇年代以來最嚴重的金融危機，導致千禧年夢想的破碎，距離全球金融體系崩潰只差一步，險將人類「毀滅」；這場危機導致人類臨前所未有的信心危機。特別是，在危機爆發之前，人們長期以為金融體系是和平、繁榮和進步的同義詞，對於世界進入大災難的邊緣，菁英和民眾都沒有察覺，更沒有思想和行動的防範，教訓慘痛。至今，就世界整體來說，遠遠沒有從這次危機中走出來，全球經濟很可能進入長期性的停滯成長時代，已開發國家以極低利率甚至是負利率發行的多種債券就是證明。

第二，為什麼會發生二〇〇八年世界金融危機？一方面，世界急速改變：新興世界崛起，新興經濟體實力成長帶來世界經濟地圖的轉變；人口數量繼續爆炸性成長，年齡結構和人口增長率分布長期失衡；都市化蔓生和大都會興起，空間需要重新定義；私營部門和市場經濟在發展中所扮演的角色強化；全球經濟資源錯置、數位革命普及，「指數型組織」（exponential organization）出現，以及「優步化」（Uberized）。另一方面，金融向著相反的方向「異化」，一九八〇年代的柴契爾夫人和雷根埋葬布列敦森林體系，西方經濟體深陷債務，金融活動在國內生產毛額（GDP）的比例過高，金融體系膨脹、複雜化和過度自信，創新失控，加之不良監管。

第三，無形金融「帝國」的威脅。至少從二十世紀九〇年代開始，一個「沒有名字、沒有面孔、或屬於某個政黨」，卻有效「接管了經濟、社會和我們的生活」的金融「帝國」就在人們眼前形成。因為「與傳統學校課程教導相反，金融市場可以是、而且往往是被非理性所主導」。所以，儘管這個無形的金融「帝國」、「與理性悖反」，其控制力量還在持續增強，而非減弱。很多資產管理公司控制的金融資產以數兆美元為單位，富可敵國。可以說，這個無形金融「帝國」已經和正在成為凌駕人類的「主人」，侵蝕和占有「共同的善」（the common good）。

第四，真實世界危機的全貌。世界治理日趨複雜。由西方強權影響、左右，甚至控制的國際議題已經成了過去。七大工業國（G 7）時代早已悄然完結。人們曾經公認的全球領導權威不僅受到持續挑戰，而且正在喪失足夠的實力。所謂G 20的成員擴展到新興國家，就是正視現實的改變。但是，G 20的成員之間，並沒有共同的價值觀和相同的優先順序。所以，在世界各處，都可以見到民粹主義和極端主義的興起，甚至某種勝利，遍布全球的原有體系挫敗和政治動蕩。在這些現象的背後，是民主體制的危機，是人類不斷深化的分裂，「我們的世界在不同想法之間擺盪」。

第五，蔓延和深化的社會信任機制。二〇〇八年金融危機造成的最大損失是信賴資本的喪失。金融危機以及世界主要國家政府的回應模式，在很大程度上摧毀民眾對現存金融的信任，他們普遍感覺自己被「設計」了，發現所謂的市場經濟，甚至整個制度並不是為他們工作，而只是為銀行家和菁英階級為首的少數人的利益運作。這樣的認知和人權意識的結合，導致動搖傳統權威與政府形式的正當性的基礎。沒有信任，就沒有資本主義、市場經濟和民主。在這樣的意義上說，二〇〇八年所發生的是金融危機引發的「信心危機」，再觸發全面經濟危機。沒有「信任」就沒有「信心」，整個資本主義的制度，乃至整個現代西方文明賴以存在的基礎就會瓦解。重建社會信任機制已經是當務之急。

第六，新的「離心力」加劇世界性困境。二〇〇八年世界金融危機之後，在金融危機的後遺症沒有得以解決的同時，世界出現了一系列值得重視的「離心力」。在「離心力」中，中國因素具有關鍵作用。中國曾經為全球經濟成長和阻止二〇〇九年的經濟大衰退貢獻重大。當中國經濟成長趨緩，回歸常態，人民幣貶值，都會造成對世界經濟的新衝擊，直接帶動「原物料超級週期迴圈」結束。從根本上說，中國在加入世界貿易組織之後，所發展出的以低價生產和出口、公共支出、人為操縱人民幣低匯率為基礎，在全球嚴重失衡的特定時期形成的經濟模式，原本就是不可持續的。在新的「離心力」中，還包括地緣政治的衝突加劇，氣候變遷，數位革命，以及流行病。

第七，做出歷史性的抉擇。擔任歐亞集團（Eurasia Group）主席的美國政治學家伊恩・布雷默看到全球化的三種可能發展曲線：其一，由上而下的曲線，由菁英主宰「全球次階級」（global subclass），即被視為沒有生產力或是貧困無用的公民的模式。其二，由下而上的曲線，即從底層接管了菁英階級的權力的革命模式。這個模式類似於法國大革命的發展道路，意味著特權突如其來的消失，富有階級財富增速減緩或是停止，社會動蕩蔓延。其三，「共同住宅」（condominium）的第三條曲線，在政府（還有企業）的壓力下，通過社會契約，尋求所有人利益，減低不公平，中產階級重新找到社會地位和發展機會。比較這三種曲線，前兩種沒有道義和現實基礎，而第三種曲線雖然違反市場的力量，卻有可行性。

第八，金融是新國際合作的核心議題。在今天，「金融是全球的，它並不會分辨國家間的邊界」，金融已經超越主權國家，具有強烈的國際化特徵，沒有任何一個國家可以獨善其身。這些年，全球有近三分之一的公共債功能受到負利率的影響，「中央銀行」失去其獨立性，很可能進入全球衰退的長週期。所以，金融是個全球議題，是國際合作的工具，需要主權國家之間協同合作，抗拒脫韁的國族主義勢力，將全球化的作業系統升級。唯有如此，逐漸實現對龐大、設立歷史悠久的金融體系的改革和調整，以最適當的方式協助輸送金融資源，透過多邊的努力為人類「共同的善」來服務。

第九，將金融納入為共同的善與世界永續發展服務的軌道。實現共同的善與世界永續發展是人類的共同目標。作者認為，金融是達成目標最有效的機制之一。在諸多的金融工具中，多邊開發銀行（MDBs）提供了最好的實驗室，是金融工具箱裡的「關鍵工具」。因為多邊開發銀行具有組織不同資金來源和創造資金分配的能力和機制，並能夠有效風險管理的優勢，可以為所需要的國家和人民做更好的服務。此外，多邊開發銀行也可以和民間合作成為有效的工具。作者本人所服務的世界銀行集團引入的「第一個破壞式創新」，在重新思考各種類型擔保、共同籌資、分攤風險等古老的金融模式的基礎上，構想過一個組織資金架構的新方法，優化與重組世界銀行集團的資金來增加它的借款能力。為此，私有銀行規範需要加以改變，以跟進多邊開發銀行的推廣和發展。

第十，讓金融回歸僕人的地位。為此，首先要讓人人理解金融的本質——「金融」是指國際金融生態系統中的行為者（諸如銀行、投資人、社會保障基金、金融機構、貸款業者）所使用的金融工具。金融從來就不過是個工具，是動員和分配資源以造福整個經濟體的一個機制。作者認為，現在，人類別無選擇，需要共同行動，重新掌控金融體系，讓金融回歸基本，重新啟動全球金融體系，重新設定金融造福所有人的目標，金融作為美妙的可再生能源，以偉大的僕人的角色，為共同的善服務。對於金融能否拯救世界？作者的態度是樂觀的，答案是肯定的。作者堅信：只要重新掌控金錢，金錢就會為共同的善服務。成為實現人類福祉的「威力無以倫比的極強大工具」。

即使在世界範圍的同代人中，一九六八年出生的作者巴特杭・巴德黑（Bertrand Badré）也是幸運的，他有著豐富的全球服務經驗和經歷。不僅擔任過世界銀行集團的執行董事兼財務長，還先後在安富利公司、瑞德集團、法國財政部、國家審計署，興業銀行和法國農業信貸銀行等私人和政府部門任職。他是二〇〇八年金融危機的零距離的觀察者和應對的參與者。所以，作者有足夠的國際視野和經驗教訓，理解和解讀二〇〇八年世界金融危機。作者無疑同時是一個理想主義和踐行主義者。他主張：「在恐懼、勇氣和希望的驅使下，我們不該靠機緣或命運來決定」、「這是人類在今天仍有機會寫下的歷史替代版本。設定了一個漸近式的路徑，朝向更幸福的世界、朝向人類進入新的啟蒙時代和新的文藝復興」。令人感動和振奮。

但是，作者的思想還是有著明顯局限性，這個局限正是出自他「輝煌的」經歷。本書沒有對二〇〇八年世界金融危機背後的各類金融既得利益集團，以及金融家、銀行家和政治家之間的複雜利益關係，特別是，金融有著自身擴張的本性和邏輯加以發掘和探究，不能不說是這本書的一個遺憾。華爾街無疑是無形金融帝國的象徵，所以，二〇一四年發生占領華爾街運動。歷史一再證明，如果做到作者所希望的不是放縱，而是馴服金融，絕非易事，將是人類面對的長期課題。

二〇一八年九月二十八日於海口

推薦人簡介——**朱嘉明**。中國八〇年代「改革四君子」之一、經濟學家。

導言　十字路口上的金融

往前、往後、向左、向右……。我們面臨的十字路口及全體的決策，從未如此重要。這是關於金融，以及如何運用金融的十字路口，而我們所選擇的方向將引領我們拯救世界，抑或走向毀滅。

每個人對金融的意義，看法都不一樣。在我的經驗中，通常它指稱的對象是華爾街或是倫敦金融城，有時是指X銀行、或是Y對沖基金的執行長——特別是當他們成了新聞頭條時。事實上，我準備從更廣泛的觀點來討論它。這裡所說的「金融」，是指國際金融生態系統中的行為者（諸如銀行、投資人、社會保障基金、金融機構、貸款業者）所使用的金融工具。沒錯，我指的是「工具」，而不是公司或特定的機構。近年來金融彷彿被當成某種魔法或是照妖鏡，不過，金融其實就只是個工具而已，由人製造、為人所用，用來幫助生存、在環境中採取行動的工具。就這一點來說，金融工具首要就是動員和分配資源，用以造福經濟的一個機制。

拯救或毀滅世界？

過去幾十年來，我們或許在潛意識中創造了一個新的、極其強大的力量，它可能是地球上最強大的人造力量之一。它在人們的生活背景中默默哼唱，而我們卻對它的累積醞釀渾然不覺。一九二〇年代與一九三〇年代從存留的記憶中快速消散，就像道路上些微的顛簸（雖然有時還頗為嚴重）一般，只在「局部的」金融危機上示警，但多數人卻置若罔聞。二〇〇七～二〇〇九年的金融危機，是因為我們沒有定期追蹤檢查這個持續悄悄成長、規模龐大到少有人能夠理解的體系所付出的代價。這種對金融欠缺理解的程度，跟金融的力量及它主宰所有人生活的程度，恰好形成了鮮明的對比。而幾乎我們所做的一切，在背後支撐的正是多數人迄今仍有意或無意忽略的結構。

我們現在做的決定，以及採取且全心全意負起責任執行的行動，將直接影響到我們的未來。它關乎著人們重新取回掌控權，而不光只是目睹一連串事件逐一發生在我們的身上。如果我們任憑金融繼續走向導致金融危機的道路——以狹隘自利的方式企圖駕御金融的力量為菁英階級服務、讓投機者從中牟利——那麼，衝突矛盾必然持續激增。人們將越來越感到幻滅與失落。近來崛起的國族主義和保護主義亦將加速高漲，政治的傾軋衝突終將不可避免。這樣的結局並不太妙。在過去，豎起壁壘各自為政並未帶給我們好處；而如今，除了短期的效應之外，我們也毫無理由相信這麼做會有所不同。重回一九三〇年代的經濟蕭條絕非危言聳聽。那可是我們歷史的黑暗時代。我們所創造的這個令人難以置信的新力量，它的威力絕對不容低估。

我們正面臨十字路口

我們曾勉強熬過一場巨大危機，但接下來仍是未知之數。我們正面臨十字路口，必須有所抉擇。「我們」指的是每一個人。如果「我們」指的只是所謂的菁英分子，則決不會成功，還會導致憤懣，且極有可能危機重演。這並非易事，因為我們需要聆聽在過去被忽視的那些人們的聲音。要如何做到呢？需要每個構成分子持續不斷地承諾與投入。包括問責的政府、公民社會組織、多邊協力、非政府組織（NGOs）等等。這個名單可以一直增列下去，重點是讓每個人的聲音都能被聽到。

在參與二十國集團（G 20）會議時，我代表世界銀行集團（World Bank Group）做到了這一點。意思是說，在這個就定義而言參與者相當有限的集團裡，有人試著代表新興市場國家及小型島嶼國家的觀點來發聲，否則他們在會議桌上未必能有直接的發聲管道。我在參加金融穩定委員會（Financial Stability Board）的討論時（我代表世界銀行集團，包括它私營部門的分支單位「國際金融公司」（International Finance Corporation，簡稱 IFC）及它在數百個金融機構的投資），我可以把這個反映出廣泛層面的聲音傳達到談判桌上。這雖只是兩個例子，但也正是我們建立論壇，讓所有聲音都能被聽到的方式。

我們可以選擇，也必須選擇一個方向。我們必須積極主動地投入決策的制定，這個責任在我們每個人的身上。金融可以拯救世界。它是屬於我們、為我們所用的一個強大力量。金融並非主宰者，它也不應被菁英們操控。金融是為了共同的善而存在。

藉著運用金融，讓它成為我們的僕人，我們可以重新定位金融。我們可以重新定位金融的用途。金融是屬於所有人的，我們也必須照這個原則來運用它。我們必須主張金融的包容性，讓所有人都可取用。用正確的方式賦予人們權力，將可以重新讓人們信賴金融工具，並讓所有人能夠大聲說自己對金融有正當的權力。

我們必須強化多邊策略。不過，並不是所有人都把它視為理所當然。二〇一七年五月三十日的《華爾街日報》社論就如此說：「這個世界並不是一個『全球共同體』，而是一個國家、非政府行為者以及企業，彼此交鋒和競逐優勢的競技場。我們（美國）帶著無可匹敵的軍事、政治、經濟、文化和道德力量進入論壇。我們並不否認國際事務的這個基本本質，而是擁抱它。」[1]我並不認同這樣的看法，接下來我會清楚地說明理由。我相信，儘管區域間局勢緊張，但國與國之間應該用新的方式一同合作。這並不容易，也非一蹴可幾，但若透過協調一致、合作、彼此尊重的方式同心齊步地走下來，我們將得到更好的結果。當然，在艱困的時刻，縮小關注的焦點、採用國族主義式的對策、升高保護主義的層級，將一切置於「幫助自己優先」的大旗下，是比較簡單的方式。但這種方法已不再有效。全球化以及深度的相互連結，已是實實在在且不可逆轉的。採取狹隘的處理方式注定失敗，因為在金融領域中，完全的主宰掌控只是個迷思。相反地，朝著重新翻修的多邊主義邁進，會讓所有的人都受益。就金融這個無視國家疆界的可互換商品而言，更是如此。

如今正是重新掌控金錢為共善服務的時刻

運用金融將幫助我們打造一個真正可永續發展的框架。如果發展只有短期展望、而且分配不公，將是難以想像的。我們可釋放的巨大金融力量，遠比絕大部分人所想像的還要深遠。透過永續發展，我們可以促進其增長。聯合國所勾勒、並由所有國家背書的目標相當廣泛，不過他們設定的是正確的方向。要達成這些目標，就必須動員必要的金融資源，並以經過重新修正後的方式予以調動。如果金融沒有永續的嶄新處理方法，就無法達成永續的發展。我們每個人都需承擔責任，並改變我們思考和運用金融的方式。不論我們是負責管理或投資金錢，或是以其他方式成為利害關係人（別忘了，到頭來幾乎可以確定這些都是我們的錢），我們都有義務讓自己的聲音被聽到。我們必須用清楚且可靠的方式，做有責任的投資，不要只是口頭說說，或是只挑最簡單的問題來處理。

要選擇什麼方向，是個嚴肅的決定，同時必須抱持著適當的尊重及深思熟慮。我們不應該誤以為我們的角色只是被動的行為者，或者，更糟的是，自願的受害者。金融可以是為善的力量。它是一個不會就此消失的力量。若忽視責任，我們將自承後果。取回對金融的權力，意味著我們接下來可以進行必要的改變來為共善服務。在經歷了近年來的這一切，並忍受金融所帶來的不良後果之後，重新建立對金融體系的信賴，是我們將採行的新方法中，不可或缺的一部分。金融可以拯救世界，不過前提是它必須先得到它迫切需要的指引。

一切開始於二〇〇〇年的一個夢想

二〇〇〇年是否只是美夢一場？或許是吧。從一九六八年五月我出生那一刻開始，一直到新千禧年的來臨，一切仍充滿想像。和許多人一樣，我曾經期待出現一些魔法，交織著科技、新而進步的人類、加上一點點「歷史的終結」——這個法蘭西斯．福山在柏林圍牆倒塌之後的名言。隨著二〇〇〇年的迫近，我們察覺到對「千禧蟲」（Y2K bug）的預測、歐洲正式採行單一貨幣以及移除國家邊界以建立統一的、無邊際人類圈的偉大雄心。

當注定的時刻來臨時，我們在倒數聲中迎來新的世紀。在香檳與煙火之中，我們親吻身邊的摯愛、高聲喊出新年願望。我們期待它是充滿魔力的。這個期望的心態持續了一整年，其最高潮發生在九月的紐約聯合國總部，一場史上最多國家元首和政府領袖聚集的大會：千禧高峰會，在這裡人們熱切為自己設定目標要加速人類發展的步伐。

計畫進行並不如預期

歷經超過十五年，世界卻變了這麼多。若把現實比擬為電影，內容和二〇〇〇年九月在紐約預告片裡承諾的，並不相符。

誰在二〇〇〇年的時候能想到，一個被認為是和平、繁榮和進步的金融體系，會讓世界如此迫近大災難的邊緣？一九九〇年代的諸多危機似乎早已被拋在腦後。經歷多年的動盪，我們期待「大平穩」（Great Moderation）能帶來重大的果實。可是有誰會想到，歐洲在重大人道劇碼落幕後，會如此接近崩潰、失敗的邊緣？有誰會想到柯達公司會破產，世界貿易中心大樓會倒塌？有誰會想到中國可能再過一個世代就將取代美國，成為全球最大經濟強權？有誰會想到同一批強權國家，有天會和其他國家一起簽署巴黎氣候協議？有誰曾經想過，當歐元在歐洲大陸一片光明的時刻，52％的英國人卻選擇退出歐盟？

釋放金融力量把我們導向災難

所有的這一切都說明了，自二〇〇〇年之後的歲月充滿動盪。至今我們仍能感受到這股持續分崩離析的餘威，也還在學著了解這些破裂最終將帶我們前往何處。金融、經濟、政治、地緣政治、環境、社會和文化的樣貌都在發生變化。

二〇〇七～二〇〇八年的金融危機與隨之而來的全球性嚴重經濟衰退，讓金融成為多全球公民眼中的公敵。目前全世界許多的緊張衝突，在民粹主義和國族主義的暗示下開始啟動，這正是人們巨大希望幻滅後的回音。原本人們曾經相信，在一九四四年與布列敦森林協議之後，金融體系將保證經濟發展和國際合作。

在美國、歐洲及世界各地，我們可以感受到人們深刻的憂慮。他們覺得在這股已不再能理解（或者根本不曾理解）的思潮運動中，自己已被放棄。全球化以及整個歐洲走向從不曾如此充滿不確定，其領導人從不曾如此缺乏代表性，與此同時，全球地緣政治的緊張程度持續升溫。想想英國脫歐這一道驚雷，想想在烏克蘭、薩赫爾（Sahel）、中國海、產油國以及中東地區的危機，還有全球恐怖攻擊的激增，從聖貝納迪諾到拉合爾、奧蘭多、哥本哈根、布魯塞爾、巴黎、尼斯、伊斯坦堡、安卡拉、貝魯特、突尼斯、蘇塞、巴馬科、瓦加杜古、巴格達、薩納、倫敦等等。先進經濟體與新興經濟體不斷嘗試以強硬的策略來打造貨幣政策，有些人終於明白全球經濟成長可能正進入長期性的停滯成長時代，這體現在一些已開發國家前所未見、以極低利率甚至是負利率發行的眾多債券。

如今，信心不足籠罩各地

然而，世界應付這些威脅的裝備也從未曾如此完備！人類不曾如此富裕、如此多產、如此渴求、如此投入。但是這般驚人的富足，分配卻極不平均。在這個緊密連結的世界裡，越來越難達到平衡，一方面是因為大數據管理本就存在風險，另一方面也是因為經濟「優步化」（Uberization）——更不用提氣候的威脅與流行病的加速擴散。全球化行進的路徑有時實在令人驚恐。對於美國或法國這些在全球化前期曾發揮重大影響力的國家而言，如今的威脅更令他們頭昏腦脹。擔心被視而不見的想法，令整個人類社群顫抖不已。

面臨諸多的不確定性之時，人類同時也面臨前所未有的信心危機。

我們此時此刻亟需對於未來、同儕以及我們自己的信心，讓我們可以面對不容迴避的關鍵挑戰：消除貧窮、維持和平、維護氣候、重新打造數位文明以及對抗流行病。這一切比起以往都更加需要仰賴彼此的合作、意願以及勇氣來達成。

不論如何，人類已承諾要致力於永續發展和共享繁榮

就在最近的二〇一五年，我們看到人類仍可感受到信心和勇氣的爆發：在阿迪斯阿貝巴、

紐約及巴黎舉辦的連續三場國際會議，給了我們長達一整年的機會，讓我們對未來幾年有關發展資金籌募、地球永續發展以及對抗氣候變遷具決定性的路線圖能達成協議。所有國家共同做出選擇，為地球的路線圖做出協議。我們毋須另創藍圖。路線圖就在那裡，等著我們去落實。

我們在十字路口上。由我們做出選擇

這些原則的宣言，我們必須嚴肅以對。它們並非空口白話。它們展現了身為人類，以團結克服分歧的最終渴望。唯有希望，可以讓我們擺脫犬儒主義和宿命論！如果我們嚴肅看待這些宣言，就必須投入必要的資源和金融工具。

我們不該過度天真，低估這些承諾或是視希望如玩物。要實現這些宏大但必要的企圖，就必須動員所有可將我們凝聚起來的向心力，來對抗為數眾多且往往狂暴、撕裂我們的離心力。團結各個層面的力量，我們可以打敗分裂的力量。要實現美好的承諾，我們就必須透過國家之間和各國之內的共同努力，以及公家與私營者和整個社群的合作。我們必須齊路同心，才能夠開啟多邊國際機構和各個先進的、新興的、發展中的經濟體之間的對話，也才能夠重建歐洲、美國五十州，橫跨太平洋與大西洋的連結。同時，我們必須共同參與，讓G20這個全球二十個最大經濟體的集團，不至成為年度例行的國家元首集會，彼此間無太多話可說，更少事情可做。

在這段時期，我有幸參與無數的高峰會、計畫案、會議和工作小組，我深信這樣的動員是有可能做到的。不過我也明白，遵循宣言的路途並非易事。

我從哪裡來？

我發現自己站在得天獨厚的位置，得以用見證人和行為者的身分，參與美國、歐洲那自二〇〇〇年以來，充滿刺激和戲劇性的重大世界變化。

我第一手見證金融成為問題

在網際網路泡沫（dotcom bubble）破裂的時刻，我是紐約瑞德集團（Lazard）的投資銀行家。我從窗戶外，親眼看見九一一恐怖攻擊的經過。在巴黎曾與我共事的米榭・康德蘇（Michel

Camdessus），從一九八七年到二〇〇〇年一直擔任國際貨幣基金（IMF）的執行董事，與我共事的還有當時的法國總統賈克・席哈克（Jacques Chirac），他與當時的英國首相戈登・布朗主導了兩個數十年來最重大的金融創新發展計畫。[2]在二〇〇七～二〇〇八年的金融危機期間，我先後擔任法國農業信貸銀行（Crédit Agricole）與法國興業銀行（Société Générale）的資深主管，以局內人身分目睹整個體制的崩塌。最後，我在世界銀行，不同程度地參與了美國華府二〇一五年的三個國際高峰會，這三個高峰會以全體人類的名義所做的決定，讓二〇一五年成為歷史性的一年。

或許說不上是命中註定，而是巧合和任務安排讓我獲得這些經歷——玩笑地說，我可能比其他人都更像阿甘（Forrest Gump）。我原本一直認定自己取得文憑之後，日後的職業生涯應該都會待在同一政府部門（財政部）或是同一家公司裡面。人生際遇卻另有安排。

我在擔任「法國社會週」（Semaines sociales de France）[3]財務長時與康德蘇的會談，事後看來極具決定性，讓我有機會在發展相關問題中擔任不同的角色。身為銀行家，也因此被認定是國際「流通」的專家。在一個機緣巧合下，我加入席哈克總統籌辦的法國埃維昂八大工業國高峰會（G8）團隊，從二〇〇〇年到二〇〇三年之間與康德蘇一同合作研究水的問題。＊一開始我對這個主題所知甚少，到頭來我卻已能夠思索水資源基礎建設的資金籌募問題，並且與人共筆，寫下一本相關主題的書。[4]接下來，我也成了解決貧窮的國際募款創新工作小組的報導者，並合作起草關於法國經濟新成長的報告。[5]

我曾接任全球兩個最大型銀行的財務長，在金融危機期間負責每日營運的管理工作，我以為自己不會再有時間去思考這些問題。但二〇一二年有人徵詢我是否願意加入世界銀行，擔任主管廣泛金融事務的常務董事時，我立刻接受了這個機會，把我過去工作經驗所獲得的信念付諸行動：利用全世界最好的金融實驗室，嘗試為公共財（public good）進行創新，展現金融也有著能為全球市場帶來正面貢獻的力量，而不只是如同二〇〇七年那樣無情肆虐的毀滅力量。

如今，我意識到這些表面上看似彼此不相關、不相連結的經驗，實際上卻自有其脈絡關聯。它們提供了我對國際金融體系相對完整的觀點。透過各種國家級與國際級的公家與私營部門，我得以從各種多元觀點累積經驗：不論是身為法國財政部的公務員、身為華爾街與倫敦金融城的投資銀行家、接受監管的商業銀行主管，到稍後擔任多邊開發銀行的監管者和領

＊ 作者這裡說「流通」（liquidity）是一語雙關，一方面是他是國際融通資金的專家，一方面又被派任負責水的研究。

導人。這些不同觀點讓我理解金融體系的局限以及它再造發明的潛能。

我想以金融做為解決方案，而且已經開始

某種意義上，我在世界銀行的工作可說是過去所有經歷的綜合體。除了看到金融創新的可能性之外，我也得以近距離觀察國際治理體系，包括它製造的諸多挫折以及其深遠的實用性。它並非完美，但是它不可或缺！我的工作經驗揭露了一個不尋常的多樣世界，在裡頭的菁英們彼此如此相似，但又是如此不同。他們有一套彼此共通的語言，涵蓋諸多獨特的生活經驗。這種共通性可提供幫助。但同時也給外界傳遞了一個嚴重的信號，一個可能引發外界廣泛認定且合理的質疑：這批全球菁英既冷漠、又與外界脫節。

金融是需要管控的美妙可再生能源

眾多的公務旅行也助長了我的這份願景。從所羅門群島（Salomon Islands）到金磚國家（巴西、俄羅斯、印度、中國和南非），我訪問了近百個國家，有富國也有窮國。我和來自各地

形形色色的人物接觸，有尋常老百姓，也有傑出人士。

這些寶貴的經驗，及這些人帶給我的諸多想法，讓我學到不少心得，在如今全球化與面臨十字路口的關鍵時刻，或許值得和大家分享。如果只容我分享一個信念，那就是動員每一個可調動的能源，正是對抗世界破壞力量的關鍵。事實上，過去我已經多次證明，這樣的動員是有可能做到的。我也從經驗中知道，我們距離目標仍然很遠——固守既有利益和地位，扮演一個魔鬼代言人，實在是輕鬆容易許多！如果要讓全體人類一同合作，我們就必須分享未來的清晰願景、設定方向，找出能認可的領導者來指引我們，並提出具體合作方法。

金融是為共善服務的工具

發生在二〇〇七～二〇〇八年的金融災難不該讓我們誤解：金融不是我們的敵人。簡單的理由是，金融其本身非善也非惡。它只是個盲目的機械力，拙劣的運用或是未予監督可能讓它為惡（正如我們在次貸危機所看到的那樣）；而良好的運用和適當的管理，則可提供我們一些更好的東西：不危害地球、全體共享的繁榮（如綠色債券的發展）。別忘了那句老話：「金錢是個壞主人，也是一個好僕人。」同樣一個工具，照著行為者的意志或好或壞的運用，帶來的可能是價值創造或是破壞。金融可能將我們帶往毀滅邊緣，同樣地，金融也可以豐富數十億人的生活。它依舊是個神奇的工具，讓我們依照預測行事、構想未來預作準備、管理風險、時間、與空間，同時團結人類，為所有人共同建設。

我們對金錢的鍾愛可能動搖了。但或許我們需要的只是一次二度蜜月，一個重新找回當初孕育它的感覺的機會。下定決心積極主動地去做吧，此刻不正是我們對金融重燃愛意的時刻嗎？

掌控工具，而不是被工具控制

重蹈過去的錯誤不可能成就任何事。雖然誘惑無時不在，我們還是應該更努力地思考，如何對真實世界的問題做出具體而有效的回應，能為重建金融找出更好、更持久的基礎。首先就從發展的問題開始。透過重建金融體系，對這個深具非凡創造力的工具做出更多真正的創新，我們可重新設計更具包容性的全球化，讓大多數人受益。

我所寫的這一本書，並不是另一個「皈依改信的銀行家」的嘗試，彷彿從魔術師的帽子變出同樣的老戲法，讓大家暫忘艱困的現實。絕非如此！曾在全世界最偉大的金融實驗室整整待了三年，曾經有幸參與既慷慨又設計巧妙的大規模金融計畫的我，如今有充分的信念，相信金融創新可以為共同的善做出了不起的貢獻。我也相信多邊機構基於它們的信用、人力資源的品質以及它們的使命感，將可以扮演關鍵角色。當然，它們不會獨力完成任務，也不會只是「照現有狀況」（as is）去做！改變必要成真，而且極具規模。如果不真的做出改變，那就只能任憑金融繼續自行其是。別忘了前花旗集團主席及執行長查克．普林斯（Chuck Prince）二〇〇七年七月在《金融時報》惡名昭彰的一句話：「只要音樂不停止，你就得繼續起身跳舞。」我想我們承受不起危機重演。

重新掌控金錢需要群體力量

很顯然，金融監管人員扮演著更關鍵的角色，他們要為金融體系找出一個適切、整體性的設計，因為金融體系如今在銀行體系內越來越劃地自限。以機構投資者為首的金融參與者，也必須扮演導引資源進入永續計畫的重要角色。跨國公司已經開始參與這股運動，以回應日益關切此事的現有客戶和未來利害關係人。在這個我寄予厚望的新金融聯盟中，國際組織、論壇以及開發集團，將扮演關鍵的催化劑。公民社會在這樣的互動中也有責任參與，提供支持並推動它向前。透過團結的力量，借助金融工具的操作，我們可以改變這場賽局。我們可以進行這場革命，讓我們未來回顧二〇一五年時，將會視它為共創歷史的一年。

透過這本書，我將提供給讀者，一段在世界各地已然開始進行之關鍵行動與討論的簡史。第一部分提及幾個重要時刻，讓讀者明白本書主要論點的背景脈絡：在掌控之下的金融，可以成為我們所有人最好的僕人；它不只是為菁英服務，而是為每個人服務。

最近發生的金融危機，引來人們對金融最嚴厲、持續最久的批判：金融如何受到操控，導致財富和權力徹底地扭曲。信賴的喪失引發了關於金錢的真正本質及其社會角色的辯論。這是第二部分的內容，我將在這一部分呼籲大家回歸基礎，並討論轉變是如何開始的。

第三部分討論新的國際合作，以及為何所有人都必須認真看待二〇一五年所做的承諾，而不只是把它們當成消散在歷史裡的美麗詞藻。除此之外，我們也要從不斷持續變化的金融世界中汲取經驗。銀行的商業模式在改變；它們的角色也在修正，特別是在如今機構投資者地位日趨重要的情況下。在公家部門方面，各種元素也正增加對多邊銀行的壓力，迫使它們去配合有著更多公共金融限制的環境，驅動它們重新定義自身角色。

公家與私營部門各自面臨的壓力，正好讓兩邊重新思考彼此必須如何相互合作。讓這個討論更形複雜的因素是，低利率或負利率的大環境和對利潤始終不停歇的追求、新世代（所謂的千禧世代）的期待、科技革命所帶來的巨大破壞以及金融危機後人們對金融體系欠缺信賴。所有這些元素，有助於建構討論金融角色的新框架。我們如何充分利用所有可獲取的資源，動員金融走向更遠大、永續的發展？

第四部分討論的是，基於我們身處的環境和懷抱的期待，這項合作要如何透過大規模聯結力量的新方式來達成。這裡的討論雖並不特別具有革命性，但其衝擊卻可能影響深遠。共同合作，就本質而言，需要在各個層面重新設定獎勵誘因及行動驅動力，而不只是關於金融機構該如何規範、透過國際組織該如何改革。

一般情況下，因為沒有單一關鍵決策點，說往往要比做更容易得多。所以接下來的內容有時會令人覺得過於天真或是太過籠統。從某一方面來說，確實是如此。不過，本來就沒有簡單的處方。或許應該說，這是根據過去幾年來我和其他一些人盡己所能辦到的工作，而提出的行動呼籲。這本書談的既不會是，也不可能是所謂菁英與菁英間的對談，而是必須包括所有人，由每個人來做出改變。它要探討，我們究竟希望我們的銀行、社會保障基金、管理我們資產的人、政府、代理我們行為的國際組織以及非政府組織，如何來處理我們授權給他們的資源。不管這些資源是透過稅金、或是以儲蓄、饋贈的形式信託給他們。

金融可以做出改變，只要我們對整個體系施予壓力，不僅僅是對個別不同部門，而是以一致的力量在各階層全面施壓。我們有機會打造一個真正的新框架，來取代始於一九七〇年代但最終隨著金融危機而崩塌的框架。

不難理解，這意味著要強化影響產品、市場、與行為的核心價值。這些核心價值需要被教導和監督，也需要受管制和規範。核心價值必須包括道德標準、問責制度、及可理解性，同時它們必須深植在人們每一天的日常運作過程中。我同時也嘗試釐清在各地運作的各種創新概念，例如綠色金融，它雖然還不是核心議題，但正逐漸累積自身動能。

討論如何重啟國際合作的同時，我想提醒讀者關於金融與金錢的普遍本質，並解釋採取協調一致行動的重要性。不論如何，國際合作不應只限於規範管制。它同時也應讓我們共同決定如何更好地共同合作，讓所有人都能有效地運用金融。自一九四四年以來，我們已經創立了各種的機構和論壇，像是聯合國、布列敦森林機構（國際貨幣基金和世界銀行），以及各種的G（集團，包括了G7、G8、G20、G24、G77）。它們未必都能如預期般有效，也都需要改革和持續的演變。無論如何，它們是如今我們所能擁有的，我們可以善加利用；現在該是行動時候了，證明我們可以有所作為，能夠動員各種資源處理基礎設施落差等種種問題。

我們眼前一個重大問題，是如何為地球的永續發展籌募資金。我們對一系列的行動目標已經有了共識。不過，要達成這些目標，需要金融典範的轉移，並動員各種必要的金融系統和行為者。我將它稱之為「從數十億到數兆」的路線圖：需求數以兆計，但公共援助則以數十億計。關鍵在於如何弭平這個落差。我對於多邊組織應該做些什麼，以及這些平台如何做更好的槓桿操作，特別做了一番評估。我也討論到了公家與私營部門如何超越以往傳統的「公私夥伴關係」（public–private partnerships，通稱 PPP 模式），以新的方式共同合作的重要性。我討論到它如何有效運作，以擺脫公家與私營部門之間的歧異和猜疑。在結論裡，我強調了幾個可用此方式持續落實執行的特定領域——教育、流行病、或道路安全等等。

金融可以成為偉大的僕人

雖然金融在過去顯然是問題的一部分，但是今天它也可以成為解答的一部分。如今我們正準備實現在二〇一五年時，對發展和氣候變遷所設定的雄心壯志。對於所有在公家部門、私營部門、公民團體的人而言的首要之務，就是接受我們的挑戰（說辦不到然後放棄，往往是最輕鬆容易的）。現在正是大家一起捲起袖子，將擺在面前的碎片一起拼湊成最好樣貌的時刻！

抱持希望，可能會是我們達成這項任務最可靠的依賴。它可以推動我們脫離朝向破碎化的行進路線，重新導引我們更積極地邁向團結和進步。藉由重新定位金融，我們有機會真正達成永續發展的目標。尚待我們描繪的是：我們究竟是站在最好的時代、或是最糟糕的時代。這本書所提供之資訊及實務經驗的說明，可幫助全球的決策者帶領我們走向積極正面的方向，也可以幫助所有人來驅策這些決策者及體系朝向適切的方向邁進。

如聖艾修伯里（Saint-Exupéry）說的：「你的任務不是要預見未來，而是要實現它。」[6]比較有利的一點是，我們知道在危機發生之前的種種美好預言並沒有成真。正如英國女王在二〇〇八年對經濟學家著名的提問：「為什麼沒人注意到？」如今是讓美好未來成真的時刻。我們仍有時間調整路徑，並認真對待消除貧窮或是處理氣候變遷的議題。不過，我們此刻必須果決行動。

第一部

如何因應幾乎導致毀滅的金融危機？

第一部分探討的是，不論是否我們曾心存最美好的意圖，我們仍差點走向毀滅的命運，以及，儘管已經經歷一場如此危險旅程，何以我們至今仍無法做出適當回應。時間要回到二〇〇〇年，它是讓我們理解今日何以至此的基礎，不管其間我們是否真的別無選擇，也不論曾有過的可能選擇為何。第一部分檢視如今在我們眼前的可能選項，並評估我們所面臨的十字路口。

我要討論的是金融危機不僅中斷，同時更損害了我們為新千禧年所做的計畫，造成了極其嚴重的破壞。這個經驗驅使我們必須確保取回對金融這個威力強大工具的掌控權。透過對它合法所有權的主張，我們可以重新導正方向，實踐新千禧年的承諾。我們在新舊千禧年交接之際所做的努力，為我們設定了實踐路徑，同時配置扶手欄杆讓我們得以依循前進。我要探討金融危機讓我們被迫脫離航道之後，又隨即遭到可想而知的反應之打擊，導致民粹主義的興起，並因此迎來一個轉折點、一個關鍵的決策點。

在第一章，我回顧我們在新千禧年來臨時所懷抱的希望，以及真實事件的開展。我回顧新興市場的發展、數位革命、都市化程度提高、私營部門角色日益吃重以及治理工作的演變。第二章著重於金融危機，我們如何把金融這個精靈從瓶中釋出的過程以及它如何將我們領往災難之路。第三章檢視我們如何對金融體系喪失信賴（這是我們所擁有最珍貴的資本），以及重建信賴所面對的真實挑戰和難題。第四章評估二〇一五年的倡議，為尋求世界各國之共同目標所做的努力。第五章討論迎面而來的挑戰以及隨之而來的地緣政治議題，這些議題讓我們的努力顯得更為重要。第六章會持續這個討論，並觀察已橫掃許多國家的政治動盪現況。在第一部分的最後一章，也就是第七章，重點則放在未來的挑戰。它銜接第二、第三、與第四部分，探討我們能否達成期待，重新取回對金融正當的控制權，讓它為共同的善做更好的服務。我將探討可能的正確路徑為何，以及做出正確、勇敢的決定後可望實現的好處。

第一章　千禧峰會的高度期待

英國女王提出的問題很恰當：為什麼沒人注意到？許多人認為我們已經找到永恆共享繁榮的祕訣。當時的我們相信，隨著金融的進步我們已經找到即使不是拯救世界，也是推動世界的良方。要了解發生了什麼事，我們需要回推幾年前的時光，並提醒自己回想一下第三個千年初臨之時的情況。接下來我們要試著回答這個問題：到底是哪裡出錯了？這是本書前五章的目標。第一章側重在金融危機發生之前的幾年，並探究二〇〇〇年九月在紐約所設定的計畫為何無法順利進行。它描述了什麼樣的環境容許這個災難發生，以及在此環境下金融應如何重新思考。金融及其改革不能個別探討。

第三個千禧年的來臨讓我們滿懷偉大希望。二十世紀的最後一個十年帶給每個人些許的失落，情緒擺盪於柏林圍牆倒塌與蘇聯帝國瓦解的激揚、波灣戰爭以及似乎讓部分人「滿心歡喜」、另一部分人「驚恐萬狀」之全球化、在許多國家引發激辯的低迷氣氛之間。發展、公共援助以及國家動員一開始仍起步踉蹌。而新千禧年象徵性的降臨，則將倒數計時重置，

重新創造了歷史契機

採納千年發展目標：滿懷希望的二〇〇〇年

聯合國一八九個會員國把握住了這個積極正面的氛圍，重申他們的信念，就是相信唯有全體人類的經濟與社會福祉得到保證，才能實現永久和平與國際安全。會員國的領袖們希望配合二十一世紀新的現實及需求的改變，重新制定並執行新的合作策略。

領袖們於二〇〇〇年九月五日在紐約集會，這場千禧高峰會是史上世界各國元首與政府領導人最大規模的集會。會中所依循的理念是，每一個方案都應該以人為焦點，建構一個「不遺落任何人」的全球共同體。而這場千禧高峰會最終全體無異議地通過一項莊重的宣言，即「千禧年宣言」：由當時的聯合國祕書長安南所擘畫與推動，在未來十五年內達成公平而永續發展的八大目標。

千禧年宣言是一個轉捩點。這是史上第一次，人類給了自己一個一致的、可量度的目標，它在形式上不同於一般的宣言，更不同於以往的「共識」。在這份文件上共同提出的決議以及所有的目標，在過去十年的各種國際會議中都曾經被提出過。「一份極為有用的倡議。」，我們在二〇〇四年專注水問題的工作小組如此形容。「大部分（國家元首）可能都已經忘了這些目標。它涵蓋了為四方的世界各國，也為人類群體所制定的全體任務。這些內容應該在每一間學校教授、在每個市政大廳張貼。」[1]

千禧年發展目標（The Millennium Development Goals，簡稱 MDGs）設定了八個宏大原則和具體目標，共同構成了一個全球行動計畫，它可細分為二十個可量化的工作任務，每個任務由六十個統計指標來衡量。這個計畫對打擊所有面向的極端貧窮，提供了精確而可量化的衡量標準。在理論上，個別國家的預算會反映出這些優先順序，因為它們是源自「對整個人類大家族基本目標的尊重」（參見下一頁的圖表）。

千禧年發展目標仍然只著重在公部門的行動、影響以及方法之上。這點在二〇〇二年在墨西哥蒙特瑞的聯合國會議將會有所改變，不過在當時，涵蓋企業、金融機構和公民社會的真正多面向合作構想還未成形。合作雖仍只局限於個別國家之間的關係，不過夥伴關係的概念已經逐漸開始浮出檯面。根據聯合國重新確認的團結原則，開發基金籌募的焦點被放在從北方國家至南方國家的資金移轉，其中，雙邊公共資金的移轉，則透過取消這些接受援助國家的部分債務來平衡。

這種動員公部門來為共善服務似乎未曾受到質疑，至少在全球經濟依舊強勁的時刻是如

千禧年發展目標

一、消滅極端貧窮和飢餓

a在一九九〇年到二〇一五年之間，將每日所得不足一美元的人數比例減半。

b在一九九〇年到二〇一五年之間，將受飢餓所苦人數比例減半。

二、實現普及初等教育

a確保在二〇一五年之前，各地兒童不論男女能夠完成完整的基本教育。

三、促進性別平等並賦予婦女權力

a最理想在二〇〇五年之前消除基礎教育和中等教育的性別差異，並在二〇一五年之前消除所有層級教育的性別差異。

四、降低兒童死亡率

a在一九九〇年到二〇一五年之間，減少三分之二的五歲以下孩童死亡率。

五、改善產婦保健

a在一九九〇年到二〇一五年之間，減少四分之三的產婦死亡率。

六、對抗愛滋病／愛滋病毒、瘧疾和其他疾病

a在二〇一五年之前遏止並開始反轉愛滋病／愛滋病毒的蔓延。

b在二〇一五年之前遏止並開始反轉瘧疾和其他重大疾病的發生。

七、確保環境的可持續能力

a將永續發展原則納入國家政策與計畫中，並扭轉環境資源流失趨勢。

b在二〇一五年之前將無法取得永續安全飲水和基本衛生設施的人數比例減半。

c在二〇二〇年之前使至少一億位貧民窟居民的生活獲得重大改善。

八、制定促進發展的全球夥伴關係

a進一步發展開放、以規範為基礎、可預測的、無差別待遇的貿易和金融體系。

b處理最低度開發國家（Least Developed Countries，簡稱 LDCs）的特殊需求。

c處理內陸發展中國家與小島發展中國家的特殊需求。

d透過國家與國際措施全面處理發展中國家的債務問題，使債務得以長期永續承擔。

e與開發中國家合作，發展並落實青年正當且具生產力工作的策略。

f與製藥公司合作，提供發展中國家可負擔的基本藥物。

g與私營部門合作，讓所有人都能獲得創新科技，特別是資訊和通訊科技的益處。

此。我們當時仍處於稍後經濟學家們所稱的「大穩定」的時代，全球的成長是由在創造與分配財富上看似出奇有效的金融體系所支撐。達成千禧年發展目標的最主要挑戰，是在於提高國家與國際機構對官方發展援助（official development assistance，簡稱ODA）的貢獻。[2]人類是否實現目標？這問題應該由公部門來回答。

十五年之後——我們做到了嗎？

當然，我們還可以做得更好。不過全球在二〇〇〇年團結在一起的非凡能量，已經讓我們在十五年內完成了空前的目標。在不到一個世代的時間裡，已開發國家的官方發展援助（ODA）已經增加了三分之二，從八百一十億美元增加到一千三百億美元。[3]債負比率（debt-service ratio）降至二〇〇〇年水平的四分之一，也因此降低了發展中國家的財政負擔，即使它未始終維持於可永續的基準。[4]

這個歷史性的進展可歸因於諸多因素，這些因素以經濟的成長為主導，特別是中國經濟的成長。也因為如此，許多發展問題如今已經按部就班地解決。舉例來說，二〇一三年生活在國際貧窮線以下的人數已經減少五億人。[5]到二〇〇八年，AIDS治療的廣泛應用、農業生產力、受高等教育比例以及清潔用水與衛生條件改善都有了實質的提升。[6]到了二〇一〇年，無法取得改善飲用水的人數已經減少了一半。聯合國在二〇一二年證實，在二〇一五年之前減少全球貧窮的目標可望達成。大約居住在貧民區的兩億人的生活條件已經開始改善，這比預定目標超前許多。在二〇一二年，男孩與女孩平等接受基本教育的目標也達成了。[7]這杯子裡已經斟滿了半杯水。

當然，重大的挑戰仍舊存在，國家之間以及個別國家內不同的人口組成之間，仍存在巨大差異。中國經濟成長快速，不過非洲、較低度發展國家、內陸國家以及小型孤立之發展中國家的進展並不均衡。一些千禧年發展目標（MDGs）並未達成：包括產婦、新生兒、嬰幼兒健康，及消除飢餓等方面。在二〇一三年，每八個人當中就有一個人餓著肚子入眠。[8]儘管透過共同的努力，官方發展援助（ODA）仍未達到設定的目標，也就是按四十多年前所認定的標準，由所有已開發國家各提供國民生產毛額（GNP）0.7%的水平。這是一半還空著的杯子。

人們做計畫，現實來干預

新千禧年的前十五年並未如原先計畫開展。世界變得更加複雜，事件出現了戲劇性的轉折。我們仍不確定這些轉型會將我們帶往何處。改變是這樣多樣而深遠，它的效應仍在持續。

一個新的經濟地圖：新興世界的崛起

第一個重大改變徹底重劃了全球的經濟地圖。在二〇一三年初我打包準備從巴黎轉赴華盛頓時，湊巧找出了一箱文件，裡頭有我準備進入商學院時做的課堂筆記。在一九八五年和一九八六年時，我們還在討論蘇聯的計畫經濟和史達林與布里茲涅夫的改革。這些主題如今顯得多麼過時！在當時，西方眼中只認定亞洲四小龍（南韓、香港、新加坡和台灣）與日本具有經濟實力：中國遙遙落後，印度則被認為是失敗案例，至於巴西，當時的流行笑話是這個國家「有潛力」但是沒有活力。G 7國家（七大工業國集團）主導著世界，歐盟正要開始興起。一直到二〇〇〇年的這一段期間，我們走的仍是習慣的老路——當時「金磚國家」（BRIC）這個縮寫還沒有出現（BRIC 這個字在二〇〇一年出現，指的是巴西、俄羅斯、印度和中國；到了二〇一一年又加上了南非，而成了BRICS）。如今它們崛起成為傳統經濟強權的強大競爭者已被視為理所當然。但是在當時，即使到了二〇〇〇年，有誰會想到中國會在可預見的未來中可能超越美國，成為世界最大的經濟體？[9]誰會相信法國會苦澀地落到第九名，排在美、中兩個經濟巨人，以及印度、日本、俄羅斯、德國、巴西、甚至印尼之後？[10]有誰能相信在二〇一二年印度會有這麼大的國民生產毛額，如果再加上中國，這兩個國家的總和預料將很快地超越G7經濟體加起來的總和？[11]這個隨著新興經濟體實力成長所帶來的世界經濟地圖轉變，對開發基金的籌募可能帶來巨大而嚴重的衝擊。

人口的決定性影響

第二個重大的結構性改變與第一個重大改變緊密相關，雖然我們常低估了二者的關聯性，那就是全球人口分布的重大變化。比起二〇〇〇年，如今全球又增加了十億的人口，地球的居民人數達到七十億人；到二〇三〇年預計還會再增加十億。不過這種人口增長的爆炸並非均勻分布：有些國家正在老化，其他國家則越來越年輕；有些國家人口持續減少，其他國家則人口暴增。這些人口統計上的變化正重新定義全球經濟強權之間的關係。人口老化代表較低的平均所得和較高的醫療保健費用，它影響國民生產毛額、減少創新、導致國家經濟成長減緩——更不用說軍隊的縮減，這將削減國家在軍事方面的影響力。

較高齡的工業國家如日本和歐洲國家——美國如果選擇設置移民壁壘，可能很快也將步上後塵——如今出現人口負成長，正面臨著被擁有較年輕人口的國家如印尼、巴西、墨西哥、或土耳其迎頭趕上的風險；從更長遠的眼光來看，它們也可能被非洲的撒哈拉以南國家趕上，因為這些地區正處在人口高度成長的時期（到二一〇〇年，非洲大陸將擁有全世界四分之一以上的人口）。介於這二者之間的中國，則是個有趣的案例：這個新興強權在變得富裕之前可能會先開始出現老化問題，因為三十五年來的一胎化政策（如今已被官方取消）已經導致了過去兩年來可就業人數的減少。[12] 移民的限制同樣為中國帶來影響，如同這些限制也對美國和歐洲或多或少造成影響一樣。新興市場能否扭轉這樣的趨勢？結果如何實在難以預料。中國將需要把人口的「重擔」轉化成為人口的「紅利」——也就是說他們必須成功吸引更多就業年齡的成人而非需要成人照料的兒童——才有辦法支撐經濟的成長。有一件事是可以確定的：在短短一個世代的時間裡，這些人口趨勢已經開始重塑全球階級結構。

都市化的快跑前進

在過去十五年來，人口爆炸性成長本身就是一個根本性的變化，而它的另一個後果則是都市化猖獗以及大型都會的興起，重新定義了美國與其他世界各國的空間主權。「誰知道這個城市？」麥肯錫全球研究所（McKinsey Global Institute）的三名所長如此問，[13]他們舉的例子是位在迦納一個擁有上百萬人口，但是大部分人都沒聽過的城市庫馬西（Kumasi）。類似庫馬西這樣超過百萬居民的城市，如今在全球新興地區如雨後春筍般出現，速度之快甚至讓人來不及記住它們的名字。光是中國就有超過四十個這樣的城市，例如洛陽，就有超過兩百萬居民。[14]非洲如今也號稱有超過五十個大城市。雖然超過半數人們居住在城市的情況已經有一段時間，但在這些不知名大都市中的人口比例越來越集中，並開始與各國政府爭奪權力。麥肯錫的作者們推算，到二〇二五年，中國光是天津這一個區域型城市國民生產總值（GNP）就相當於瑞典全國。隨後的幾十年內，全球半數的經濟成長將來自於庫馬西，或是巴西的聖卡塔琳那（Santa Catarina）等這類的全球四百四十個城市。套用國際關係的術語，這些「次主權體」（subsovereigns）的大量增加，對於區域和全球的權力結構，在經濟、政治、甚至文化層面上都將產生重大影響。我的妻子從上海開了兩個小時的車子，到一個與杜克大學合作，全新的綜合型大學（崑山杜克大學）發表演講時，親身見證這一點；這個世界已不再只是以索爾邦、牛津和哈佛為中心。

都市化的另一個重大議題是城市的永續發展，以及它們配合人口增長，以充分的基礎建設和制度規範來對抗不公平問題的能力。人口的集中需要現代化與合理化，換句話說，它需要相當可觀的投資，即使這些城市知道該怎麼做，也未必有能力能做得到。舉例來說，我們曾經與喀布爾市長納萬迪許（M. Y. Nawandish）有過一次有趣而熱烈的討論，他主政的城市人口數如今達到驚人的七百萬人，車輛數目達一百萬（相較於二〇〇二年美國進軍阿富汗之前，它只有六十萬居民和幾十部的汽車）。我們討論，一個基本上沒有鋪設道路、沒有穩定的電力和供水，而且街頭並不安全的城市，要如何吸收如此大量的人口湧入？哪件事要最優先解決？

我在雅加達之旅中同樣深有感觸，我得以一窺印尼驚人的經濟成長，以及它依舊存在的極端不公平現象：我上午訪問了情況最惡劣的貧民窟，幾個鐘頭之後，我在市中心的柏萊士（Bell & Ross）名錶精品店旁邊，見識了名車瑪莎拉蒂（Maserati）的大型展示間。這其中的強烈對比讓人印象深刻。它讓我對千禧年發展目標（MDGs）的想法大為改觀：雖然技術上而言我們已經達成了第七點的c項目標（「在二〇二〇年之前，使至少一億貧民窟居民的生活獲得重大改善」）。但是都市化的進展如此快速，以至許多人的生活條件仍待改善。[15]

全球金融危機的第一個暗示

讓近年來情況變得更為複雜的另一個改變，是二〇〇七～二〇〇八年的金融與經濟危機。在二〇〇〇年的時候，沒有任何人曾預想到它的規模竟是如此巨大。這一點我們在第二章會更詳細的討論。目前我們只要記住，這場危機可能比一九二九年曾讓我們陷入人類最黑暗時刻的那場危機還要重大。的確，在二〇〇七～二〇〇八年我們曾擔心我們距離全球金融體系崩潰只差一步。當我們看出金融體系還能支撐之後，一切又重新洗牌：世界從銀行主導以債務為基礎的體系，逐漸轉為由機構投資者和社會保障基金這類資產擁有者所主導的體系。這對經濟體的募資以及發展、貨幣政策、投資技術等等而言，是一項重大的改變。這項危機同時也創造了一個似乎與理性悖反的體系：全球近三分之一的公共債一度受制於負利率，而「中央銀行」似乎更不負其「中央」之名。簡單來說，這場金融危機期啟動了全球經濟衰退的漫長週期，並威脅到許多在二〇〇〇設定的發展目標。舉例來說，就業赤字（jobs deficit）從二〇〇七～二〇〇八年到二〇一三年間就增加了六千七百萬，對年輕人影響尤甚。[16]官方發展援助（ODA）長期而言成長趨緩，這種趨勢主要威脅到體質原本就最脆弱的那些國家。

私有倡議無處不在

二十一世紀第一個十年的發展在我看來，帶來了另一個比較正面的、決定性的改變：不是承認「歷史的終結」，而是私營部門和市場經濟在發展中所扮演的角色。這可能是二〇〇〇年以來最重大、但也最不被人注意的改變之一。雖然千禧年發展目標（MDG）在策略上強烈依賴官方發展援助（ODA），但相對於其他資金來源，在這十五年內實際上已經出現衰減，其他資金來源例如：外商直接投資、基金移轉（匯款）以及更廣泛的民間「北方對南方」和「南方對南方」投資的流入。我們看到了一個真實的翹翹板效應：相較於官方發展援助（ODA）在二〇一五年一整年所達到的一三五〇億美元，由移民所發動的資金移轉在二〇一四年已經達到四三五〇億美元。不過，這個逐年成長的亮眼數字在本質上相當脆弱：在俄羅斯的石油業工作的喬治亞、哈薩克與中亞的移民，隨著油價下跌而失去了工作，許多人因此無法把錢寄回自己的家鄉。我們應當密切觀察這個議題，因為有些國家如今相當仰賴這個資金來源：移民的資金移轉在塔吉克占了國民生產毛額的42％，在吉爾吉斯則占32％，在尼泊爾占29％，在摩爾多瓦占25％。[17] 這種反轉讓我們必須重新考慮目前的情況：官方發展援助（ODA）在這裡可以扮演什麼角色？這些寶貴的資金如何做最好的運用？我們如何把這些公部門的資金移轉轉化成一個催化劑？

找出這些問題的答案或許更為重要，因為我們如今了解到私營部門（不論是大型企業或中小型規模的公司）並非惡魔，而是成長的引擎。世界銀行估計，在未來十五年內必須創造六億個工作，也就是每個月三百萬個工作，才足夠應付人口的增長。公家職務絕不可能滿足這個需求！我的非洲之旅也支持這樣的說法：撒哈拉以南國家的就業市場每年增加數以十萬計甚至百萬計的年輕人，他們政府領導者的主要問題在於，如何為這些人增加足夠的工作機會。在類似象牙海岸這樣的國家，情況將更加關鍵。他們剛結束十年的內戰，需要讓數萬名兒童兵重回社會。世界銀行創立了磚瓦工、木工、理髮和其他類似職業的培訓計畫，學員在畢業之後必須能運用他們所受的訓練找到工作並融入實際的經濟體中，否則我們等於逼著這些年輕人再度拿起步槍。有意思的是，要促成這樣的環境，關鍵之一是強調有利於投資、良好治理和企業的環境。[18]

數位革命：正在上路

最後，自二〇〇〇年以來全球發生的眾多轉型當中，千萬不要忘了無所不在的數位革命，以及它所帶來的種種機會和陷阱。雖然進入第三個千禧年時，對全球性「千禧蟲」（Y2K bug）的恐懼盤踞我們心頭，我們仍然好奇，網際網路除了成為另一個炫目裝置之外，還可能呈現什麼樣貌。十五年之後，許多公司見證了它的影響力：如今任何智慧手機都有百倍於一九六九年美國太空總署送人類上月球的超級電腦的馬力，許多公司無力適應這樣的新時代而如柯達（Kodak）一般地倒下。在不過一個世代的時間裡，許多事情都出現變化，發展出許多的「新人類」，被米榭·塞荷（Michel Serres）生動地稱作「拇指姑娘」（Thumbelina）：我們的子女和孫子女如今是「數位原民」（digital natives），他們「身體、預期壽命、溝通方式，感知世界的方式已不再相同，生活的環境不再相同，占據的空間也不再相同。」[19] 對這個世代而言，「語言已經改變，勞動已經變形」。[20] 手機的銷售數量在短短幾年之內，已從不到十億支增加到超過六十億支！[21]

這個革命帶給我們許多在十五年前做夢也不敢想的希望。今日的資訊與溝通科技，透過支持知識的取得和全球企業的相互依存，潛藏著加速人類進步、降低不平等以及孕育學習共同體的潛能。它大大刺激醫學、能源、汽車製造和農業等諸多領域的科學及技術創新。在這個數位時代，我們或許已經具有解決世界飢餓議題的能力，因為每一天我們都可以更加準確地知道如何改善土壤、應該在哪裡灌溉以及何時是收成的最好時機；更重要的是，我們知道如何儲藏、分配和交易我們生產的東西。人類從未曾如此輕鬆而快速地互動，而且互動方式也從未曾有過如此多的選擇。

在此同時，我們已進入一個新的時代。在這個時代，許多公司正驚慌失措地認為自己將被Google、臉書、亞馬遜、Airbnb以及當然還有優步（Uber）等這類公司所「優步化」（Uberized）。借用薩林姆．伊斯邁爾（Salim Ismail）的術語[22]，這些「指數型組織」（exponential organizations，簡稱ExOs）利用可獲取的數據和網絡效應來創造競爭優勢，建造破壞式的創新模式，發揮十倍於過去以線性模式為基礎的組織的影響力。這些組織比其他人更善於運用全球經濟錯置（global economic displacement）來落實典範移轉，從原本以政治為基礎的典範，轉為以消費者自由為基礎——這是另一個數位革命所帶來的結果，在處理金融以及政府的議題時都必須把它列入考量，因金融與政治兩者原本就緊密相關。現今的金融行為者同樣受到數位變革的威脅，最明顯可感受到的是「金融科技」（fintech）的興起和區塊鏈所帶來的一些變化。目前雖仍言之過早，不過商業模式很可能以前所未有的規模出現深遠的轉變。

全球關切的新問題興起

全球關切的新問題出現，以及超越傳統全球公共財之外的問題，也迫使我們用新的眼光來看待這個世界。舉例來說，看看氣候變遷和難民問題的情況。氣候變遷在二〇〇〇年尚有所爭論，不過如今已普遍被當成事實接受，我們也知道一旦全球暖化，生活貧困的人們將最先受害，受到的影響也最持久。如今已無置疑爭辯的空間——即使川普總統讓美國退出巴黎氣候變遷協議的決定再度引發了一些討論，我們還是必須以全球性的層級來處理這個問題。同樣地，難民議題影響整個國際社會，我們不可能只靠建築圍牆來解決（除了最露骨的煽動家會把它當成指標性的政見主張）。這些議題在在都影響著持續至今的金融模式。

女性向上攀升：正確之舉，也是聰明之舉

在二〇〇〇年，我從未想過能有如此難忘的經驗：以世界銀行領導人的身分，出席塞內加爾首都達卡的國際婦女節活動。與五十名來自不同專業的婦女團體（包括記者、律師和公務員）共進晚宴之後，現場播放了一段影片。影片中包括兩名年輕女子在內的塞內加爾民眾

登上了一個階梯，表達她們有一天能與男性站在同一個階梯上的期望。我當時的反應是：真糟糕，我們還停留在這種階段！我夢想的世界是女性能穩住階梯，讓底下的男性也能爬上和她們相同的位置。多元性——在雙重意義上——是難以估量的財富。我無法想像一個都是男性，或者都是女性所組成的世界。這雖然是個重要的國際議題，但在二十一世紀一開始卻很少被搬上檯面討論。如今，正如我在十四章所討論的，我們要開始透過性別的角度擴展對金融的探討。

良好治理：賽局的新名字

在我做完對二十一世紀前十五年不勝列舉的摘要之前，我還想再提一個新東西：對治理（governance）相關議題越來越高的期待。在二〇〇〇年，「治理」這一詞的現代意義幾乎還不曾存在；我們較常談論的是政府（government）。治理這個觀念的興起，反映了對於全球化管理一個全新的探討方式。如我們的水研究小組在二〇〇四年所說：

治理是一個管理方法而非一套政府的體制……。治理是一個三角形，由公權力、私營利益（工業、農業、商業）和消費者與使用者組成的公民社群所定義。這個三角形的大小依據它在城市、國家、或是國際的衡量標準而有不同……。這說明了……公權力已經被剝除了作為整體利益唯一代表的角色。公權力……不再是國家利益、預算、與其主權的唯一代表。23

換句話說，在一個世代的時間裡，我們已不再只活在一個由國家權力主導的西伐利亞式（Westphalian）世界，而是活在一個更加複雜的世界——在其中，私營部門和公民社會都參與決策制定。我們如今所屬的世界，各國之間可以基於共同的目標達成協議。這個世界更難以控制，我們必須重新設定討論的框架，在無損正當性的情況下能有效率地進行討論。這些並非顯而易見的，在第九章和第十章中，我們會看到政府／治理之間的交互作用往往十分痛苦且容易導致意見分歧。

現在是怎樣？

在二〇一五年，全球共同體已到了達成千年發展目標的最後期限。儘管進展可觀，我們距離消弭世界的難題仍舊遙遠。同時，又有新的問題出現。我們對全球化未來的不確定感，從未曾如此強烈。

即使世界自二〇〇〇年來有了翻天覆地的改變，我們並不需要放棄改善我們的全球共同體。我們的視野已轉變並重新調整，但是這並不代表我們必須放棄原本的理念。當全球領袖在二〇一二年在里約熱內盧召開聯合國永續發展會議時，他們為二〇三〇年設定了新的目標，界定國際合作的大圖像。這至少已為我們定出一個方向，其中一個優先要務並無改變：那就是消除全球的極端貧窮狀況。這光是靠自然趨勢和演變並不足以達成，但是我們並不缺乏手段和意願。如同甘迺迪在一九六〇選擇要登上月球一樣，我也有一個夢：我們也要選擇做所必須做的事來消除極端貧窮。並不是因為它容易，而是因為它很困難。

話雖如此，我們也不能忽視世界近期的動盪與新的期待。如果只是像二〇〇〇年一樣，那麼重新制定全球承諾支持發展的計畫，似乎就是不可想像的事。聯合國的知識小組強調了這一點：

要實現推動永續發展的願景，我們必須超越千禧年發展目標（MDGs）。它們並未足夠著重於觸及那些最貧窮也最被孤立在外的人們。它們對發展的衝突與暴力帶來的破壞性效應沈默無聲。它們既沒有納入關於良好治理的發展以及確保法治、言論自由和開放與問責政府之機構的重要性，也沒有提到包容性成長以提供就業的需求。最嚴重的是，千禧年發展目標並未納入千禧宣言所預想的，關於永續發展經濟、社會和環境的觀點，同時也沒有處理推動消費與生產的永續性模式的需求。其結果是環境和發展始終沒有被恰當地同等對待。人們對這兩個相互關聯的問題雖然認真處理，但往往各行其是。[24]

我們如何讓世界重新投入一個可行的行動計畫？我們如何提供管道以達成我們的目標？還有，我們所仰賴的國際合作，其體系有很大程度是脫胎自二十世紀，有著明顯的局限並且曾如此接近崩潰，我們一開始該如何提供它們資金？還有，我們能否避免一切從頭來過，避免被迫打造一個全新的體系？我們能否能夠無縫轉移？我們在第三章會看到更多細節。顯然，金融原本組成的方式，不只沒能拯救世界，還幾乎拖垮整個世界。未來的金融發展將必須考量到在本章裡討論的變化：新興強權的角色、數位變革以及新的需求和新的行為者。

為了避免重蹈覆轍，我們必須探查金融體系。這有助於回答我們今日面對的問題。它呼應了葉慈（William Butler Yeats）在〈二度降臨〉裡的詩句：核心能否被掌握？除此之外，還要問的是：這個核心能否重塑自身？

第二章　二〇〇七至二〇〇八年的金融危機

現代經濟史被清楚區分成次貸前危機與次貸危機後兩個時期。二〇〇七～二〇〇八年，世界經歷了自二次世界大戰以來，甚至是一九三〇年代以來最嚴重的金融危機。我們至今還未完全走出來。我們仍然不確定這個中心——此處應視為我們讓體系運作的能力——是否能支撐下去，或至少以目前的樣貌支撐下去。一個看似如此穩固的金融體系為何會瀕臨崩潰？在思考共善問題之前，我們必須先理解事件發生的過程。這座巴別塔如此美好，為何不再造得高一些？從這次的重大危機中我們可以得到許多教訓，而且，如果想要把世界和經濟帶往合理的方向，這些教訓值得我們認真思索。

一九四四年的奇蹟：布列敦森林體系

這一切開始於一九四四年夏天在美國簽署的布列敦森林協議。當時的迫切問題是要試著重建經歷可怕戰爭後四分五裂的西方世界，同時確保強化國際商務貿易的金融穩定性。人們從一九三〇年代中吸取教訓：主要的先進經濟體同意，以金價和當時唯一可兌換黃金的貨幣——美元為中心，建立一個固定匯率的體系。各國中央銀行的任務是維持國家貨幣與參考貨幣之間固定的平價。不過，匯率在國際社會嚴格監視下，可以依需要來調整。在強力經濟成長的背景下，同時也因其受到監督規範（包括限制國家之間資本流動以及限制國內信貸，以避免國際投機交易和國內債務），這個體系在一九五〇和一九六〇年代運作相對良好。

但是因著越戰中政府的財政支出，美國經常帳目的平衡被消耗殆盡，最終為此監管良好的機制敲響了喪鐘。由於整個體系是信託給美國黃金儲備作為保護機制，黃金儲備的消耗削弱了夥伴的信心。或許你還記得，當時法國的戴高樂總統（Charles de Gaulle）曾表達希望以法國法郎交易黃金的願望，並且已經準備付諸實行。在一九七一年，美國總統尼克森眼睜睜看著美國的黃金儲備流向主要出口國家，於是決定暫時中止美元對黃金的兌換。這項決定標誌了國際金融關係的轉捩點：我們從一個固定匯率的體系，移轉到一個彈性匯率的體系，並在一九七六年的牙買加協定中被「正式地」採納，承認一般性的浮動匯率。我們原先賦予中央銀行穩定匯率，並為此維持充足外匯儲備的義務，此時也被取消了。

體系的解構與運作順暢體系中所暗藏的缺陷

柴契爾夫人（Margaret Thatcher）在一九七九年當選英國首相，以及雷根（Ronald Reagan）在一九八〇年當選美國總統，開啟了金融自由主義的全面革命，更將布列敦森林協議深深地埋葬。先進經濟體的國際資本流動控管宣告解除，在數量不斷增加的新興國家中情況也是如此，這賦予國際商業銀行更多的角色。與此同時，大多數的國家放寬了對國內信貸的限制，令房地產金融肆無忌憚地擴增。債務高漲，名義上的資金流動增加，因其底下「實質的」資金流動（也就是貿易和投資）不斷倍數增長。

一九八〇年代和一九九〇年代的金融自由化，帶領著世界進入了一個解除控管、大量舉債的時代。在自由競爭的背景下，金融市場每天相互的聯結增加，按照阿戴爾・特納（Adair Turner）的說法，「市場彼此相像」，而信貸也變成「彼此相像的產品」，以「最低成本和最優化的數量」提供給人們。[1]家庭債務不再挹注新的資本投資，而只是收購既有資產，尤其是房地產。

這個機制有其優點。在金融自由主義和國際金融革命的三十年間，全球貧窮降低的程度遠勝過人類歷史任何時期：在一九八〇年時，全球大約有50%人口生活在貧窮當中，如今則為10%。[2]同樣的這一股動能，讓聯合國慎重地確認，二〇三〇年之前根除地球上貧窮這個惡疾，是我們力能所及的目標。金融是一個關鍵的要素，讓我們得以散播福祉、以優化的方式分配資源、並透過積極的權衡取捨，創造出不致引發通膨的成長。

不過，同樣在這個時期，西方經濟體開始深陷債務之中。人們一直靠著借貸度日，政府、銀行、公司以及家庭都在這場危險的賽局中扮演各自的角色，規模大小隨各國情況而有所不同。在諸多國家，與「實體經濟」（real economy）相比，金融扮演的角色越來越吃重。阿戴爾．特納提到在英、美兩國，從一九五〇年到二〇〇〇年金融的比例足足成長了三倍。在先進經濟體中，私營部門債務在一九五〇年到二〇〇〇年之間，[ii]占國民收入的平均比從50%升高到了170%；同樣地，國家之間資本流動的成長也比實際的長期投資要快許多。[3]金融活動在國內生產毛額（GDP）的比例，在一九二九年和二〇〇七年曾兩度達到高峰。我們很難相信這只是單純的巧合。金錢機器的過度驅使已經創造了一些眾所周知的偏差現象，像是在西班牙和中國空屋林立，或是一些只有一半產能的工廠。

當伊卡洛斯飛得太接近太陽：無視警告的過度自信

警訊清楚而真實地響過了許多次，但是沒有人想去注意那有如「狼來了」的警告。一九九七～一九九八年的亞洲金融危機，是全世界在二十年之間第五次發生的嚴重金融與財政危機。大部分經濟學家以及金融監管人員和中央銀行，都想把它當成是債務自然擴張的良性循環，以及為經濟成長服務的資產證券化等金融創新帶來的相乘效果。[4]只要這個體系看似合理、可獲利、且在社會上具實用性，只要中央銀行有最優秀的人確實掌控，那還有什麼好擔心的？[5]

這個體系日趨複雜，其越來越複雜細密的控管與風險分散機制，在某些方面代表了一定程度的穩定性：我們越是分散風險、越是擴散債務，整個體系似乎就越能夠自我矯正。阿戴爾・特納提到，在次貸危機發生的前夕，證券信貸系統的與「影子銀行體系」（shadow banking）的複雜性已到了「令人瞠目結舌」的地步：[6]

紐約聯邦儲備銀行想試著用一張地圖畫出所有的可能迴路和相互連結的圖象。它把結果印在一張九〇乘一二〇公分的紙上，並建議任何想要理解這個體系的人都可以依樣畫葫蘆。

但在這麼小的一張紙上要呈現它是不可能的，而且，要讀它上面的說明更是極為困難。7

不過這種複雜細密的程度也讓人安心，因為它同時維持了「大穩定」的假象。一直到我以投資銀行員的身分，在瑞德集團倫敦分行以及稍後在紐約分行任職，見證了網際網路泡沫（dot-com bubble）的成滅之後，我才真正理解到這個體系逾越的程度。在此之前，我很少離開財政部，仍保有法國技術專家對理性的信念，突然地我發現自己置身在一個不可理喻的世界，對客戶推銷所有提案時都必須加上「.com」。我個人就製作了「WHSmith.com」和「Sainsbury.com」。最糟糕的是它們竟然都奏效！

做為案例說明，有一個負責認證的重要單位[8]的股價在二〇〇〇年一路扶搖直上，單純只因為它與一家自稱是中國對外貿易公司的入口網站，基於「先行者優勢」（first mover advantage）和「贏家全拿」的理由簽下了合約：在那個時期，人們可以一本正經地估算，正在經歷指數型成長的「每次交易最低費用」將會落入最先進入市場的認證單位口袋中，並因此讓它的估值一路飆升。舉例來說，當時由尚－馬力．梅西爾（Jean-Marie Messier）所領導的維旺迪集團（Vivendi）從一個已經註冊（vis@vis）網域名稱的不明人士手中，買下了入口網域名稱 vizzavi.fr，代價是「不算太高昂」的兩千四百萬法郎，現在換算成美金大約是四百萬美元再多一點！這個價值如今看來毫無道理。投機操作的泡沫持續成長到最後終於準備內爆，並伴隨著我們如今都爛熟於心的資產萎縮、破產、已及經濟衰退。過度逾越的金融需要徹底清除。

雖有警訊，但不容置疑的金融

這種不當的濫用，隨著人們對金融體系不可觸及的錯覺而延續。從這個角度來探討發生在二〇〇一年的九一一事件，會很有意思。全球金融的核心在那一天遭遇了沈重的打擊。我從洛克菲勒中心六十一樓的瑞德銀行辦公室窗口，第一手見證了這一場人類悲劇。從這個角度，我可以不受阻礙的觀看世界貿易中心。所有和我同在現場的人都不會忘記：那是一個美好的秋天上午……接著一架飛機在我們的眼前撞進雙子星大樓。人們忙著疏散大樓裡所有人員，電話占線，謠言四起，恐慌蔓延。我們來到大廳，對街是國家廣播公司（NBC）的總部，它的跑馬燈如常循環播放當天的晨間新聞——股價上漲、麥可喬丹重返NBA，還有兩架飛機撞上雙子星大樓。氣氛是超現實的。接著我們被准許先回家。一個星期後我重返現場，迎面而來的是石棉的氣味以及地上成堆的小紙頭。強烈的失落感籠罩著我。但事情很快就回歸常軌。在災難發生後的隔天，我接到一位在雙子星大樓工作的日本客戶電話。他跟我說，我們上週一起完成的所有交易數據都沒了。他請我幫忙和東京方面說情，方便我們可以重新來過，一起重建這些檔案。九一一事件的衝擊影響令人吃驚，不過在此同時，看到生活依然繼續也使人安心。華爾街也很快就恢復日常，即使股價下跌（想當然耳）。金融體系展現了驚人的韌性，彷彿所有行為者都想用行動證明，他們不會任其倒下。華爾街受到重擊，但是在攻擊後的幾天之內又立刻恢復運作，這個事實似乎強調了這個體系非比尋常的韌性。和當時許多人一樣，我感到困惑不解。美國發動對阿富汗與伊拉克的戰爭，很弔詭地提供了幫助，整體經濟的體質因此得到了改善。話雖如此，九一一攻擊也讓我們不禁聯想，金融就是眼前高聳的巴別塔，讓我們得以盲目地信任。

二〇〇七至二〇一一年：巴別塔的倒塌

該來的終究是來了。只要一粒沙子卡住機制，就能讓整個體系自爆。我們放任金融，任其沒有主人予以管控約束。二〇〇七年夏天的次貸危機殘酷地提醒了大家，金融一個極度非理性、盲目的力量，它是一些玩家們的玩物，這些人的動機和簽署千禧年宣言和通過千禧年發展目標的那一批人動機大不相同。

次級房貸開始於二〇〇〇年代初，它根據房價決定數額、品質低劣的房貸，隨意提供給信用日益下滑的美國家庭。這整個概念依據的是持續快速增長，而且沒有人曾想過會下跌的房地產價格。[9]透過將這些房貸轉型、證券化以及透過行銷手法，金融機構利用更細緻的包裝手法和越來越複雜金融模式，提供更高獲利的產品。光是美國房地產市場在二〇〇七初的轉盈為虧就已經夠慘重，近三百萬美國家庭不履行契約讓全國的銀行陷入困境，同時也觸發了一場國際金融危機。不過，事實上，整個金融產品的基礎是由高風險的組成分子建構而成。次級房貸的資產實際上被分散到了地球的每個角落，將整個系統的風險暴露於我們以為已經被稀釋而且分散到那些有較大「胃口」的人身上。當時的安盛集團（AXA）執行長昂利・德・卡斯特（Henri de Castries）用一個特別強烈的形象比喻來總結當時的情況——次級房貸基本上就像是尼斯沙拉上的魚子醬。本身量雖不多，若是壞掉，足夠毀了整盤沙拉。[10]

這就是二〇〇七年在經做一連串內爆之後，整個金融系統開始逐漸四分五裂的情況。隨後的連鎖反應，讓置身其中的人們，感覺彷彿坐著停不下來的雪橇從山頂一路往下滑。就我個人而言，我是在事件爆發前一個星期才加入了巴黎的法國農業信貸銀行，負責這個全球數一數二大銀行財務狀況表上超過兩兆美元的金融業務。突然之間，我已處身在暴風圈的核心。

法國巴黎銀行（BNP Paribas）在二〇〇七年八月時，宣布暫時凍結三個暴露於次貸風險中的基金，暗示了這將不只是一場美國的危機。以歐洲中央銀行（ECB）為首的歐洲各央行已經被迫準備進入市場馳援。流氓交易員引爆的「柯維耶事件」（the Kerviel affair）在二〇〇八年一月爆發，讓興業銀行（Société Générale）損失五十億歐元，幾乎等於是簽下興業銀行的死亡證明書。這個事件凸顯了全球金融體系更為嚴重的失控及更大規模的威脅。三月分時，華爾街出現虧損，摩根大通（JPMorgan Chase）在聯邦儲備銀行強力支援下，以拋售價格收購投資銀行貝爾斯登（Bear Stearns），讓市場一度陷入了恐慌。

九月十五日，發生了一場危機的標誌性事件：美國第四大投資銀行，有一百五十年歷史的雷曼兄弟（Lehman Brothers）申請破產，締造美國金融史上最大宗的破產事件。葛林斯班留下了一句名言：「我從沒看過像這樣的事！」全球金融隨即感受到更大的震撼，因為在此同時，聲譽卓著的投資銀行美林集團（Mirrell Lynch）被美國銀行（Bank of America）收購。接著保險業巨人美國國際集團（American International Group，通稱 AIG）宣布緊急出售兩百億美元資產。幾天之後，高盛（Goldman Sachs）與摩根史坦利（Morgan Stanley）放棄投資銀行地位，將自身轉型為商業銀行，也就是可接受客戶存款並取得聯邦儲備銀行融資能力的一般銀行。十月三日，美國聯邦政府接納了財政部長鮑爾森（Henry Paulson）挽救美國經濟的計畫。這個歷史性的美國政府市場干預行動總額為七千億美元。法國隨後跟進，在十月十三日採用「支持國家經濟融資計畫」（事實上，它是個支持金融機構的計畫）。幾天之後，歐洲的銀行不得不再度重整資本。

這段漫長、可怕的墜落過程中，四處充斥著瘋狂的傳言和極度的不確定感，在金融參與者間信心開始流失。在每天早上的農業信貸銀行危機會議中，大家都會互相探問又該停止與哪些銀行交易，以便對世界各地交易員下達「別交易」的可怕指示。要我們當第一個伸手移開梯子的人是個困難的決定，但顯然我們不能成為最後一個！到最後，各國中央銀行發現自己成為交易員的終極救兵。這樣黑暗的一年，最後在十二月以金融家馬多夫（Bernie Madoff）的逮捕行動告終，他透過投資基金詐欺了驚人鉅款——五百億美元。整杯水都滿了！夠了就是夠了！如巴菲特（Warren Buffett）帶著黑色幽默說的，只有潮水退了你才知道誰在裸泳。

次年，二〇〇九這一年，是國際主義與監管揚眉吐氣的一年。兩場 G20元首高峰會——四月在倫敦和九月在匹茲堡，隨後是十一月在蘇格蘭的聖安德魯斯，由同樣這些國家的財長與央行行長組成的會議。參加者定義了金融體系的框架，包括金融穩定委員會的創建、把表外帳戶（off-balance sheet accounts）納入估算銀行的審慎比率（prudential ratios）的考量、會計標準的改革以及由經濟合作暨發展組織（OECD）編列出一份拒絕與其他政府交換稅務資訊的國家清單。它們也同意重啟全球經濟的相關措施，特別是提振國際貨幣基金（IMF）資源的協議。在此同時，美國與歐洲的銀行紛紛傳出恢復盈利的宣告。

在這段不安發展中喘息片刻（如果說得上是喘息的話，畢竟這段時間的成長仍低迷不振）持續的時間並不長。二〇〇九年十月，第一波緊張情勢導致歐元危機。新當選的希臘社會黨政府揭露了希臘公共金融背後的真相：國內生產毛額（GDP）的負成長為12.7%，而非原先所宣稱的負6%。布魯塞爾於二〇一〇年一月介入，歐盟二十七個會員國在德國的領導下，在二月召開高峰會試圖解決這個問題。最後在五月時達成了對希臘紓困計畫之協議：一千一百億歐元的援助——規模在全世界前所未見。援助金由歐盟和國際貨幣基金共同分攤，換取希臘推行痛苦的撙節措施。幾天之後，輪到歐元區陷入危機，必須在三年內調動七千五百億歐元來支撐陷入四面楚歌的單一貨幣，並用來強化會員國的預算紀律。在此同時，歐洲央行收購了七百四十億歐元的國家主權債務證券（特別是希臘和葡萄牙的證券）以穩定投資人。十一月，歐盟對愛爾蘭提供了金融援助。

在這段期間中，G20集團持續扮演協調金融與經濟政策的角色。在多倫多與首爾舉行的高峰會嘗試為永續而均衡的成長鋪設道路。但是，二〇一一年夏天恐慌再現，幾名領導人失去政權引發震撼：希臘的帕潘德里歐和義大利的貝魯斯柯尼，史上第一次在同黨的壓力下，被迫於十一月先後下台。二〇一一年，最後是在布魯塞爾的馬拉松式會議中結束的。兩年之內，為了拯救歐洲，在布魯塞爾已經舉行了七次的高峰會。當英國拒絕了法國和德國提出的改革方案時，當時整個氣氛如十二月十日《世界報》所形容的："L'Europe à 28, c'est fini."（二十八個會員國的歐洲，已宣告結束了。）這項預告在時間上其實提早了六年。法國在二〇一二年一月喪失了三A評等，這原本是法國總統所標榜的國家寶藏，它也帶來了另一波震撼，彷彿法國已經喪失昔日地位。一如之前在美國的情況，在法國讓人更為困惑的是，在二〇一一年這個「災難性的」評等降級最終結果……竟是更低的借貸成本！雖然喪失了頂級評等地位，但由於整體利率的降低，你要付的錢反而比以前更少。許多人開始合理地懷疑這是否真的合理。

金融危機讓世界陷入了一個令人不安的狀態。我們沒有實際的先例可以幫助我們在這個未知水域中航行。而且，我們對於舵手的信賴感如今已所剩無幾。對金融失去信賴感的不僅是占領華爾街運動，或其他國家中類似活動的參與者而已。這一次，世界驚險地躲過了徹底崩潰的命運，而金融則成為全民頭號公敵。它根本談不上與共善有著任何形式的關聯。

第三章　一個主要的教訓：信賴的喪失

前所未有的金融災難的啟示

二〇〇七～二〇一一年的經濟衰退源自於三重危機，它們讓舉債過高這個較「傳統」的危機效應加劇，同時也幫忙解釋了這個人們未曾預期的力量及它帶來損害的程度。

創新失控的危機

首先最重要的，這是一場金融創新的危機。金融資產證券化的快速發展、表外再融資工具以及次級房貸無止境的重新組合，都是引發失控連鎖反應且幾乎扼殺整個體系的原因。金融家們一心想著這個體系所能帶動的偉大經濟進展，但他們採行的許多產品事前卻並未認真評估其可能的後果。因果之間的關聯性被打斷了。他們創造了債務，並透過這些債務回贖資產，而這樣的獲利鼓勵他們透過越來越有創意的金融創新，製造越來越多的債務，終至一切完全失控。任憑金融的機制自行其是，金融工具就會不斷製造出人造的財富，直到泡沫破裂為止。我們從二〇〇七～二〇〇八年的危機中得到的最大教訓，如果借用哈伯雷（Rabelais）的話來說，那就是：「沒有良知的金融，不過是世界的毀滅。」[1]經過馴化的金融是個好僕人，但是任憑其自行其是，它會成為糟糕的主人。金融若不受控制猶如脫韁野馬，極可能把世界帶向災難。前美國聯準會主席沃克（Paul Volcker）對歐巴馬總統提出金融改革建議時，語帶苦澀地說，真正所謂的金融創新少之又少，最後一個真正的金融創新是自動提款機。

我們不該忘記，與傳統學校課程教導相反，金融市場可以是、而且往往是被非理性所主導。一個例子是一九八七年十月的股市崩盤，道瓊工業平均指數在一天之內就損失了22.7%的市值，甚至沒有新消息可以解釋這樣大量的拋售。當時經濟確實是處於長期利率劇烈上揚的階段，但是為什麼黑色的一天在此時出現？社會學家論及所謂的「臨界點」或是「容忍門檻」，意思就是某個獨特現象變成常態的關鍵時刻。就股市而言，這意味著在一段特定時期裡，參與者忽視某個趨勢，直到它已變得顯而易見以至於集體信心出現了轉變。股市的動態從來不是恆常或是規律的，而是如蹺蹺板一樣不斷地變動和調整。這其中包含了跟風模仿和狂熱。發生在十七世紀的荷蘭鬱金香熱就是其中一例。[2]在兩個星期之內，鬱金香價格在不明原因下從五十佛羅林（當時的荷蘭幣）上漲到了一千佛羅林。搶購的狂熱風潮持續不散，一般民眾也紛紛跟進。接下來，恐慌和崩盤突然出現。在這兩個案例裡，一股非理性且無法抗拒的力量接管了市場，推動價格持續攀高，直到它突然破裂並開始下跌，以另一次崩盤做為結束。每一次人們都會說「這一次一定不一樣」[3]，不過這個現象卻一再重演，每一次都讓人詫異錯愕。

在二〇〇七～二〇〇八年的危機案例中，問題在於，儘管體系先天就存在著非理性，但我們迫切想相信金融工具的絕對理性和有效性的程度卻更勝以往。金融與數位科技的結合毫無疑問地堅定了這種錯覺。演算法工具推動參與者系統化的運用價值模式，逐漸成了標準作業模式。這是任何模式都具有的危險性，因為就其定義而言，模式就是將現實簡化。人類一向都想找到代表真相的替代物，即使純粹只是為了讓我們更容易做出決定。就金融模式而言，它是依據平均值所打造，但不時也會出現偏差[4]。想脫離平均值的誘惑往往太過強烈，甚至讓我們忘了脫離平均值的風險。這些模式提供了極端情況不會出現的虛假保證，並引誘我們去測試極限。就其核心而言，金融的語言和數位的語言並無二致。它們所使用的都是通用語言，在不受監督查核的情況下，它們將會是無可抗拒的力量。因此，此二者的結合可能形成爆炸性的威力。這個結合導致了二〇〇七～二〇〇八年的重大危機。在獨一無二且無可抗拒的語言驅動下，巴別塔的誘惑既古老、又普遍。

不完全的全球化危機

在此同時，二〇〇七～二〇〇八年也是金融全球化本身的危機。從一九七一年開始，經歷一九七〇年代、一九八〇年代到一九九〇年代不斷地強化和追求，資本的自由化流動超越國家疆界，配合著越來越精緻細密的信貸風險分配，金融體系始終沒有停止成長、擴散、相互聯結和創造相互依存性的腳步。到頭來，不論任何部分失效，整體都會立即受到損害。

這是否意味著這場危機真的是「全球性的」？我依稀聽到印度財長齊達姆巴蘭（P. Chidambaram）以諷刺的口吻，提及我們常對影響美國和歐洲的危機稱之為「全球的」，而發生在印度的危機則被稱作「局部的」。事實上，今日的國際金融經濟體大致上是由先進經濟體所主導（最狹隘的定義，指的是七大工業集團國家；較廣義一點則是指OECD的成員國）。全世界最大的銀行仍在歐洲、美國、日本和澳洲，主要的機構投資者也都來自這些國家，儘管中國的參與者正逐漸興起。新興國家覺得自己像是金融體系裡被綁架的人質，他們希望在這個體系中能有更多一點的話語權。這正是二〇〇八年G20高峰會進行討論的目的。別忘了在危機之中，最慘淡、一再落入全球破產邊緣的時刻，是中國出手解救了全球的經濟，即使它當時創造的債務在幾年之後看來正是脆弱的象徵。正如當時中國人出名的說法：該是拯救資本主義的時候了。中國透過二〇〇九～二〇一〇年的刺激經濟政策，讓自己成為推動世界經濟的火車頭之一。許多資金流動在當時重新導向那些歷經金融風暴而表現較好的新興國家，即使其中有些國家如今得經歷痛苦的經濟轉型。

監督不良的監管危機

這是場放寬管制引發的危機。要記住放寬監管是新自由主義政策的構成要素。過去我們一直無法規範全球金融體系；它的複雜性與分配方式基本上是在立法者的掌控之外。類似的情況也出現在中世紀的教會，當時它們不知如何該制定關於武器管理的規範。教會對於效應清楚的武器，像是斧頭和槌矛，做出了規範，但是對於無法明白看出效應的武器，如投彈機與弩砲，則無法規範。金融監管規範不僅不足以追蹤全球金融的發展，同時國際社會對這套體系所宣稱之好處的盲目信念，還進一步地允許放寬現有的規範。這賦予了金融行為者不斷加增的評估占比——實際上等於是交給他們自我評估——變得更為巨大。一些銀行的損益平衡報表規模相當於主要國家的國民生產毛額——如摩根大通和美國銀行將近兩兆美元，與法國的國民生產毛額相當。這些金融行為者任猶自己削減規範，只依靠量測與補償機制和獎勵誘因，而完全不做任何整體性的考量。它們把體系帶往了瘋狂的方向。

簡言之，我們不知道如何控制因放寬管制所引發的力量。用阿戴爾·特納預言式的說法：「這場災難完全是自作自受、而且可以避免的。」[5]

到頭來，這是場嚴重的信心危機

二〇〇七~二〇〇八年金融危機引發的經濟傷害，最終以戲劇性的方式出現。在大穩定世代之後，全球共同體落入了大衰退，至今我們仍未完全自其中脫離。不過，若論為這場金融危機紓困，光就紓困金額本身而言，對收支平衡的影響並不算太大。在所有先進經濟體中，政府支持銀行的總代價，約略多於國民生產毛額的3%。[6]但在此同時，數以百萬計的人們失去了自己的房子、工作、有些人的收入或生活水平則受到了影響。公共債務以令人矚目的方式增長（先進國家在二〇〇七年到二〇一四年之間，就占國民生產毛額的34%[7]），但在此同時，被列為撙節措施頭號目標的公共發展援助則開始萎縮。我在當時出版的一本書裡，曾經解釋這是「當胖子餓瘦了，瘦子就餓死了」這句古老諺語的現代版本。[8]當時英國央行的第二號人物保羅．塔克（Paul Tucker）預測將會有二十五年的衰退。現在還在倒數中……。不過長期而言，金融危機還有一個更嚴重的後果：那就是對銀行、政府、菁英以及整個「體系」嚴重的信心喪失。一般大眾震驚地發現許多銀行家把充滿風險的房貸提供給了美國、愛爾蘭、西班牙以及英國的房地產開發商；其中一些人過去曾以不正當的手段操作倫敦同業拆放利率（London Interbank Offered Rate，通稱 LIBOR），或是出售價值可疑的證券給不夠謹慎的投資人。[9]歐蘭德（François Hollande）在二〇一二年一月二十二日在勒布爾熱打法國總統選戰時，精準總結了當時許多人的心態：

> 我真正的對手……沒有名字、沒有面孔、也不屬於某個政黨。它本身絕對不會成為候選人，也絕對不會當選，但是它卻會上台統治。這個對手就是金融領域。過去二十年來，金融就在我們的眼前接管了經濟、社會和我們的生活……。這種控制形成一個帝國。而從二〇〇八年九月十五日開始肆虐的危機，讓這股控制力量持續增強，而非減弱。

在整個危機中令我最感無力承受的，是媒體對於銀行家負面形象的報導，以及民眾基於彼此不對等的關係而對銀行家的普遍充滿厭惡。在法國農業信貸銀行四年的期間，我出席了法國各個地區與成員、股東以及客戶的會議。讓我印象特別深刻的，是二〇〇九年三月在法國布羅瓦第一次參加這類市民大會，當時相較於危機發生前每股三十歐元的股價，農業信貸銀行每股已不到六歐元。[10]第一個向我提問的是一位拄著拐杖的老先生：「閣下，你的收入是多少？還有，所有這些毀了我的人生，讓我孫子丟了工作，卻不說一句話的人們，你們的收入是多少？」他和其他許多人，都因這場危機與伴隨而來的經濟衰退而受到傷害。這場災難錯不在他們，他們卻得付出許多，而且未來他們與他們的子孫們還要繼續付出更多。當晚他所揭露的事實讓我深深感同身受。關於挽救體系所採行的緊急措施，他們並沒有得到該有的解釋。信賴感因而煙消雲散，自然是無庸置疑。正如新加坡副總理尚達曼（Tharman Shanmugaratnam）二〇一七年七月在法國艾克斯普羅旺斯演說時所說的，今天我們面對的三大議題，都是金融危機引發的後果：大部分先進國家中產階級的停滯、先進經濟體與世界其他地區之間缺乏趨同（lack of convergence）以及最重要的是，對於絕大部分國內與國際機構信賴感的喪失。當然，這幾個議題彼此相互關聯。

突然被剝去衣物的金融國王

對法國而言，一個象徵性的轉折點出現在二〇〇八年的夏天。當時法國國內主要爭論的議題圍繞在部長馬丁・赫許（Martin Hirsch）提出的就業團結收入（Revenu de solidarité active，簡稱 RSA）*。專家們爭論它是否必要，以及應該提撥的預算到底是五億歐元、六億歐元、還是八億歐元。雷曼兄弟在九月申請破產。薩科吉總統不由分說立刻動用了四千兩百億歐元為銀行緊急馳援，而美國則為華爾街籌措了七千億美元。簡單來說，我們花了兩個月的時間討論到底要提供幾億歐元給窮人，但相隔短短一個月後，為了金融業我們可以瞬間一出手就幾千億元！在法國它的諷刺意味尤為強烈，因為這兩個問題是在同一個法案中進行投票表決。與民意嚴重脫節是必然的。我們永遠無力去跟法國民眾，或是跟美國及世界其他國家的民眾解釋，為何這四千億歐元或是七千億美元對政府而言是一個好交易，這些錢畢竟是來自紓困計畫，而且它們終究是為了避免讓所有國家都走入金融體系崩潰的災難命運。

第二個與民意脫節的事件發生在二〇〇八年九月二十四日，在法國土倫，薩科吉總統宣

* 法國當時為改革社會福利政策弊病，所推出的鼓勵就業之社會救濟措施。

布了他不會讓「任何一個存款戶損失一塊錢」，他會動員整個國家來保護民眾的存款。一時之間，六千五百萬位法國人開始詢問：「為什麼我的存款有危險？」在這之前，只有極少數人明白銀行並不是靜靜地將他們的錢存放在保險庫中，而是把存款重新投入金融系統，運用這些資源、予以轉型、重新分配到世界各個角落。幸運的是，土倫的演說並沒有引發恐慌，而導致人們在銀行門口大排長龍領出他們的存款。不過這還是讓所有的金融參與者都顫抖不已！在法國做出的這個宣告引發了全球的迴響。人們突然明白在銀行櫃檯和自動櫃員機背後是些個什麼東西。全球盛傳的一幅著名漫畫，上面寫著：「二〇〇八年諾貝爾經濟學獎得主是：把所有存款放在家裡的瓊斯太太。」我在自己辦公室裡將這幅漫畫裱框掛起。

人們意識到金融並不像他們原先想的那樣，也明白一旦放手不管它，它將會比原先設想的還要複雜而危險。原以為是為服務人們而創造的驚人力量，如今已然失控。過去大部分人崇拜金融卻很少提出質疑。突然之間，披在身上的紗布應聲而碎，金融裸裎相見。這景象實在駭人。

政府就和銀行家們一樣，仍在為他們的錯誤與有缺陷的教義付出代價。人們如今備感憤怒，因為他們覺得自己「被設計了」。他們得到的印象是：政府解救了有權有勢的人——用米克瑟威特（John Micklethwait）的詞來說[11]，這裡指的就是「全球化官僚」（cosmocrat），這些人住在倫敦或巴黎，了解紐約或新加坡的程度更勝於底特律、伯明罕或是馬賽——這些人為了處理自己的問題而拋棄其他人。如今全球民粹主義的浪潮，表達的正是這種巨大的失望和幻滅。

更讓人感到不安的是，市場以及政府本身也對銀行和中央銀行產生質疑。你只消看看目前在德國關於歐洲央行是否「獨裁」的辯論，或是美國國會不斷試圖增加對聯邦儲備銀行的控制、或是以法令限制它的權限。在歐元區以及G20集團，每個人都懷疑其他所有人打算貶值自己的貨幣，製造外匯市場的緊張。對投資人而言，他們對信譽風險變得極度敏感。在二〇一〇年法國農業信貸銀行進行每季的巡迴說明會時，我在舊金山遇到的一名資產經理告訴我：「我再也不買銀行股的三個理由：第一，因為人們再也不喜歡你們了，即使以前喜歡過你們；第二，因為按照現行的新規定，你們的獲利能力將減少；第三，因為即使你們能夠獲利，你們仍然有高風險，因為人們不是真的喜歡你們（參見第一點），而且未來你們動不動就會被課稅和罰款，所以我對你們沒興趣。」

更不要想說和蘇格蘭的投資人談銀行了。二〇〇九年我在愛丁堡曾經有機會舉辦巡迴說明會，我遇到的人們都深以銀行為恥，因為引發英國兩場最大銀行災難的主角正是蘇格蘭皇家銀行和蘇格蘭銀行。

沒有信賴，就沒有資本主義、市場經濟和民主

金融危機造成的最大損失是信賴資本的喪失。這是薩克吉二〇一二年一月十九日在里昂演說時傳達的訊息：「這不是經濟的危機，這是由金融危機所造成的信心危機而造成的經濟危機。」整個資本主義制度乃至整個現代西方文明都仰賴信任。少了信任，我們無法貸款、擬定計畫、或是共同合作。阿蘭・佩雷菲特（Alain Peyrefitte）在他《信任社會》（*La societe de confiance*）一書中詳盡分析了這個機制：歐洲之所以能夠發展，都要歸功於「信賴的社會精神」（ethos of trust），它推翻了傳統的禁忌，支持創新、可動性、競爭以及理性而負責任的倡議。缺乏信任，我們先人所打造的整個社會都會受到損害。然而金融危機為社會注入的正是這樣的毒素。我們的體系運作不像幾年前那麼好，原因就在於我們對它失去了信任。而且問題還延伸到金融之外。舉例來說，我們可以回想一下福斯汽車（Volkswagen）的汽車汙染數據舞弊事件、或是「巴拿馬文件」或其他眾多會計醜聞所引發的震撼。體系中的信賴度已經降低至危及整個體系。重建信賴感是迫切的任務，不這麼做的話，世界絕對無法繁榮起來。[12]

有待重建、改革的體系：重新取回對金錢的掌控

金融體系幾乎被連根摧毀，不過最後總算設法復甦。仰賴G20的力量，國際社會試圖對金融機構紓困、為參與者設定議程、並建立包括補償規定在內的一些新規則。人們——至少對那些過去有錢、且未來始終拿得到錢的人而言——可以繼續把錢放在銀行、以電子記帳方式存入薪水、並利用信用卡繳費。貨幣並未消失，通貨緊縮的螺旋也避免了。金融體系設法重新自我組織。就目前而言，我們已經避免了重蹈一九三〇年代災難性的覆轍。

不過，我們別弄錯了這種復原的本質。這個體系目前所做的事，不過就是塞住漏洞及修補裂口。在各方面而言它尚未被重建：我們並沒有提供它新的基礎，顯然也還未徹底地進行翻修。如果金融改革的目標是要確認不誠實或無能的銀行受到懲處、讓「大到不能倒」的銀行不再出現、讓金融業者根據整體表現和履行時間而非個別表現來決定其收益回饋、或者讓納稅人再也不必像二〇〇八年一樣，被要求去拯救銀行家，那麼，現今金融規範的改革還沒有切中危機的真正問題，也就是任憑金融機制自行其是的問題。如今，讓機制重回控制是迫切的當務之急。

為了為共同的善服務，我們必須重新取回對金錢的掌控。要做到這一點，我們必須提供

國際金融體系的參與者一套新的指引方針。體系本身有這樣的方針，但是它並不知如何解讀，甚至不知道市場應該面對的方向。不理解這個方針，我們將會面臨另一場讓我們無法承擔的重大危機。

機構投資者：重新洗牌後體系中新的信賴存託處

如果我們要重建國際金融體系，首先我們必須知道要召喚哪些參與者來重建，同時必須共同決定哪些人該做哪些事。不過，金融危機帶來的另一個重要影響是，原本由銀行主導的經濟，在銀行受法規限制的情況下，已轉變為由機構投資者主宰的經濟：社會保障基金、保險業者、主權基金以及其他資產管理人，如今他們在國際金融體系具有顯著的分量（他們不久後將管理近一百兆美元的資金），同時，他們也成了我們信賴的寄託；畢竟他們管理的可是我們的錢！如果我們要保有如何使用金錢的掌控權，這場重新洗牌有許多需要即刻回答的迫切問題。

當一些銀行業開始發展在銀行之外，有著不同規範的「影子銀行體系」，我們應該採行什麼樣的監管制度？自二〇〇八年以來，金融體系已經落實更嚴密的監管來控制銀行和限制新金融危機的風險。問題在於部分的風險如今存在於傳統機構之外。我們要如何確保新版本的全球金融能受到有效的控制？

由不同參與者所掌握的資源該如何調動，讓實際的經濟得到好處，而不致剝奪全球投資者、貢獻者和退休人員的利益？發展的資金，尤其是基礎建設發展的資金要如何供應？事實上，由於監管規定的改變和市場的預期心理，如今銀行提供貸款給複雜、高風險、海外的計畫需要更高的成本，而變得較不具吸引力。我們如何確保機構投資者樂於擔任主導角色？他們如今在金融經濟體中有比以往更核心的地位，同時運作方式也不同於銀行（參見第十四章）。我們如何導引他們提供資金達成全體共享的繁榮？

管理五兆美元所代表的意義

我們必須共同學習維持國際金融體系的穩定，在這個體系中，新的機構投資者有著比銀行更吃重、更集中、而且更加彼此關聯的角色。在今天，全世界大約有二十個主要的資產管理公司，例如貝萊德（Blackrock，全世界最大，資產近五兆美元）、領航投資（Vanguard）以及總部設在法國的東方匯理（Amundi），管理資產都超過一兆美元。我甘冒過度誇大的風險來猜一猜，或許人類最終會依賴這個由主要投資者和主要經濟學家組成的緊密小圈圈來分配存款。這些投資者會說他們的管理是高度去中心化和分散化，因此幾乎不可能全部朝同一個方向前進。但是誰可以跟我們保證，他們這批人不會正好在同一個時間，有著同樣的想法，然後導致一個廣泛的金融恐慌，並帶來過去已見識過的災難性後果？目前仍然沒有答案，我們可能必須再經歷一次金融危機才有辦法測試這些情況。或許我們可以公允地說，影子金融體系正是國際貨幣基金（IMF）這類機構及中央銀行真正掛慮的問題。

等式裡又加上科技的破壞創新

經過二〇〇七～二〇〇八年金融危機重塑後的現今金融體系，由於科技深遠的破壞式創新，脆弱程度更勝以往。這些破壞包括線上銀行業務——加上大量實體分行的關閉——高頻交易、甚至是機器人資產管理。面對這些創新，我們如何確保所有人都受益，而不會製造出新的社會落差？數量不斷增加的銀行業務應用程式（banking apps）受到年輕世代的信賴，也顯示出對傳統銀行信心的流失。

我們眼前必須面對的問題如此之多，這仍是上一場危機所留下的主要挑戰：關於監督管制、關於全球化、關於金融創新的挑戰。我們今天所有問題的核心是一個糟糕的主人如何成為一個好僕人？這個體系有令人值得讚許的雄心但卻走錯了方向，我們能否重新改造它？我們如何恢復信賴感？這只能實實在在地贏回來，而不是仰賴要求命令。我們要從哪裡開始？時鐘不斷滴答前進。我們如何確保最終都能贏得勝利？我們能否重新取回對金融和金錢的控制？

第四章　偉大的希望三部曲。大家一起來！

二〇〇七年引發的全球金融與經濟危機，使我們遠離全球共同體在二〇〇〇年為自己設定的團結合作的路徑。如果這場災難沒有發生，我們是否已經實現所有千禧年發展目標（MDGs），甚至表現得更好？這很難說，因為隨著人口平衡、籌募資金的方法以及發展中主要參與者的變化，經濟地圖已經大大改變。正如我們在這一章中會看到的，二〇一五年是特別的一年，希望未來的歷史教科書會告訴我們，這一年提供人類獨一無二的機會，把我們在傾軋與動盪中遺忘的基本議題重新搬回檯面。

重新召喚千禧精神的三場世界高峰會

不管基於什麼理由，有些年頭就是比其他年分更具有象徵性。二〇一五年就是其中之一。概括宣稱這是歷史性的一年或許言之過早，不過，至少在最低程度上，二〇一五年是擘畫至二〇三〇年國際合作新路線圖的一個機會，目標是建立持久而普遍性的發展。

我們在二〇一五年思考自二〇〇〇年以來發生的動盪，開始理解全球共同體必須以不同方式來組織結合我們共同的努力。我們意識到，如果要為近程與遠程未來重建可靠有希望的條件，我們就必須採納新的科技並擴大我們的雄心。參與世界銀行的資深管理團隊，讓我發現自己正站在這項工作的最前線。

阿迪斯阿貝巴：為發展籌資

二〇一五年七月十三日到七月十六日，在阿迪斯阿貝巴進行的第三次發展籌資國際會議，是為聯合國預備在九月採納永續發展目標，開啟道路的第一場高峰會。對衣索比亞這個東非洲的開發展中國家而言，光是主辦如此高層級的全球活動就是不小的任務：主辦國的角色更具象徵性的原因在於，把國內發展資源的動員（例如稅金）的優先順序排在接受外援之前，正是這場會議的重要主題之一。除了評估蒙特瑞共識（二〇〇二年）與杜哈宣言（二〇〇八年）的執行進度之外，這場高峰會也要處理聯合國在二〇一五年之後發展支持計畫所帶來的新的，或是發展中的問題。要實踐永續發展目標（SDGs）所需要年度資金總額達數兆美元，因此討論的焦點，在於身處艱困經濟環境下如何動員資源的實際操作方法。大會閉幕時所採納的阿迪斯阿貝巴行動議程（Addis Ababa Action Agenda）清楚點明了將氣候議題的重要性，及這些議題納入政治發展對話的必要性。在某種程度上，這次大會為二〇一五年的另外兩個重要高峰會，及十月分在祕魯利馬進行的世界銀行集團與國際貨幣基金（IMF）年度會議定下了基調。

紐約：達成永續發展目標

二〇一五年的第二場大會是從九月二十五日到二十七日在紐約召開的聯合國大會。儘管在二〇〇〇年後出現了諸多新問題，全球社會仍對一個比「千禧年發展目標」（MDGs）更具雄心的目標做出正式的承諾。在十五年之內，國際共同體根據對永續發展全面的、普遍的、轉型的願景，將原本的八項目標擴展為十七項目標，並且將原來的二十一個具體項目增加至一百六十九個。原本的千禧年發展目標（MDGs）主要關注在社會主題之上，永續發展目標（SDGs）則嘗試涵蓋永續發展的各個面向：經濟成長、社會包容性以及環境保護——目的是希望加強目前在這三個領域中所設定目標其現有的協同作用。除此之外，千禧年發展目標主要針對的對象是發展中國家，而永續發展目標則試圖確保沒有人被遺漏在外：這些目標同樣適用於富有國家及貧窮國家，這是全球面對發展問題第一次採用的方式。儘管明白目前的經濟局勢以及氣候變遷的威脅，這些目標還是做出了略顯大膽的承諾：在二〇三〇年之前透過各種可能的努力來消滅貧窮。這份由聯合國一百九十三個會員國無異議採納的二〇三〇年永續發展議程（參見下一頁的圖表），受到了現場各國代表的起立歡呼！

巴黎：迎接氣候變遷的挑戰

從十一月三十日到十二月十一日在巴黎舉行的聯合國氣候變遷框架協議（the United Nations Framework Convention on Climate Change，簡稱UNFCCC）第二十一次締約方會議（the 21st Conference of the Parties，簡稱COP21），它的結論可說是為全球的永續繁榮做出的大躍進。全世界的領導人都知道，要消滅貧窮，必然要配合強化經濟成長的策略並回應各層面的社會需求，同時不傷害環境或是影響氣候。他們需要一個具有約束力的協議來永久削減溫室氣體的排放。而且他們真的做到了！在二〇一五年十二月十二日，參與協議的一百九十七個締約國承諾採取措施，限制全球氣溫上升不可超過工業化之前的氣溫攝氏兩度以上，同時嘗試將升溫程度降低到攝氏一點五度以下。這項協議是世界的重大進展，特別是因為這是人類歷史

永續發展目標

一、在世界各地消除一切形式的貧困。
二、消除飢餓、實現糧食安全和改善營養、促進永續農業。
三、確保健康的生活方式，促進各年齡層所有人的福祉。
四、確保包容和公平的優質教育，為全民提供終身學習機會。
五、實現性別平等，賦予所有婦女和女童權力。
六、確保為所有人提供飲用水，並以永續方式管理水和衛生系統。
七、確保人人都能獲得負擔得起、可靠且永續的現代能源。
八、促進持久、包容和永續的經濟增長，實現充分就業、生產性就業，以及人人都能享有具有尊嚴的工作。
九、建設有復原力的基礎設施，促進包容與永續的產業化，推動創新。

十、減少國家內部和國家之間的不平等。
十一、建設包容、安全、有復原力及永續的城市和人類社區。
十二、確保永續的消費及生產模式。
十三、採取緊急行動應對氣候變遷及其影響。
十四、保護和永續利用海洋和海洋資源促進永續發展。
十五、保護、恢復和促進永續利用陸地生態系統，永續管理森林，防治荒漠化，制止和扭轉土地退化現象，遏止生物多樣性的喪失。
十六、促進有利於永續發展的和平與包容的社會，為所有人提供訴諸司法的機會，在各級建立有效、問責和包容的制度。
十七、加強執行手段，重振永續發展全球夥伴關係。

上第一次認知到，對人權的尊重——特別是健康權和原住民、移民、兒童、殘障人士的權利——是對抗氣候變遷不可或缺的一部分。

新合作精神的興起

標誌著二〇一五年的這三場高峰會，除了做出明確的原則宣示之外，也為我們的未來打造了充滿期待的新趨勢。這些高峰會一方面受到傳統的國與國之間外交活動所規範，透過會談、圓桌會議、工作坊、論壇、研討會等討論的進行，最終達成協議並交由各國元首簽署。另一方面，這些高峰會也得利於順利動員全體社會成員的代表：公司企業；基金會；非政府組織（NGOs）；政府機構；投資者；地區的、國家的、與國際的跨政府機構；民選的公職人員；以及市民。出乎預期的群體聚在一起共同激盪辯論、創造動能，而且最終達成協議。這種催化現象是極嶄新的，它使得高峰會的成果更加豐碩；如果再加上考量其成員的多元廣泛程度，也讓高峰會更加引人入勝。

從數十億到數兆：典範的轉移

阿迪斯阿貝巴會議對我意義重大，因為我曾在這裡發表一份由我掛名首席作者、開創先例的文獻：《從數十億到數兆》[1]。聽來也許令人驚訝，這是第一次由所有國際發展金融的行為者共同簽署的一份聲明。這是多邊組織領域裡小卻真實的一場革命！其內容概念是要確認我們的信念，相信永續發展資金籌措所面臨的挑戰並非不可跨越，因為全世界的儲蓄及公共與私人投資的總額在理論上足以符合需求。我努力地確保這份報告用容易理解的英文寫作，同時書名又能大膽且清楚地展現我們的企圖心。

從數十億到數兆，這套方法是關於如何處理我們所面對之巨大需求的基本信條。我們所面對的現實是：數兆美元的投資才能符合需求，但是能取用的公共資金只有數十億美元。從總額來看，這樣的金融缺口令人望之生怯。

彌合這個缺口正是新金融體系的核心，它是運用金融來提供永續發展所需資金的一套方法。這個方法需要對眾多不同且重要的元素進行重組。其中一個元素是大幅改善國內資源的調動。達成的方式包括更有效率的稅務系統和更好的稅收方式，以及加強擴充財源（看緊隱匿未申報的稅額）和更善用國內儲蓄（例如，重新評估資金如何運用的規範，而不致影響到參與者符合自身負債需求的能力）。另一個關鍵的元素，是為公共金融將為每一塊錢創造更高的回報。採用更深思熟慮及更嚴格的公共金融運用模式，可以調動數倍的民間投資，可能是透過第一層／第二層虧損機制、或是其他更有用的保證形式、或其他風險減低工具。也就是說，讓公共資源在風險評估、認知以及實際運用上可以做出最大差別的情況下，進行調動。[2]這類的方法在《從數十億到數兆》裡都做了清楚的說明。透過引入各種參與的行為者，我們就可以制定出框架，這是我們必須帶著強烈的迫切感來落實執行的框架。

這種新的動員模式可見於巴黎。第二十一次締約方會議（COP21）的成功，可說是法國外交政策上的成功。它反轉了二〇〇九年哥本哈根會議之議定書的情況，當時協商的結果一直到最後才得到各國元首同意通過（為時已晚）。在巴黎，世界各國領袖們從會議的一開始就被要求出席以展示他們承諾的決心，並向協商代表們表明他們必須追隨他們的領導者，不容協商失敗。此外，這項成功同時也清楚地顯示多年來的國際共識已逐漸成形，各國明白氣候變遷的預估成本及其衝擊效應。[3]這個效應已被全世界數十億人親身見證，特別是最弱勢易受傷害的人口。在會議之前，中國和美國這兩個溫室氣體最大生產國率先達成共識，是這次會議成功的最佳案例，儘管美國的反對意見仍舊強大，以至於後來川普總統決定退出巴黎氣候協議。毫無疑問，在北京及中國其他城市，與空氣汙染問題相關的巨大公共衛生議題，對這項歷史性的協議達成共識也扮演了重要的角色。

有趣的是，美國退出巴黎氣候協議的決定，以意想不到的方式凸顯了這次協商與其結論對全球外交事務所帶來的變化。這並不是美國第一次退出他原先簽署的協議。舉例來說，美國退出京都議定書，就對該項協議帶來了負面的效應。這一次則不一樣。世界各國以及美國國內的許多反應，都顯示了這些協議超越過去由主權國家之間組織而成的傳統外交體系。美國的退出似乎並未打斷協議前進的動能。所有其他的簽署國和組織立刻出面表態確認他們所做的承諾。同時，在美國國內許多州、城市、企業和非政府組織（NGOs）都表達他們的持續支持。就某方面而言，不論有無美國的支持，這項協議為全球性的理解開啟了新的道路。當然，氣候議題較具針對性，而且大體而言，它是獨一無二的。不過我們應該承認它已經創下一個相當有趣的先例。

如果沒有對抗全球氣候變遷的所有參與團體先前付出的努力，第二十一次締約方會議（COP21）絕不可能獲得這樣的成功，在阿迪斯阿貝巴與在紐約的情況也是如此。此外，還要加上媒體為了提升公共議題進行前所未有的報導；大型企業為加速進程所提出的大膽且可永續的解決提案，為民間行為者策略性投資訂出一個清晰而穩定的框架；馬克．祖克柏（Mark Zuckerberg）和比爾．蓋茲（Bill Gates）發起的「突破能源聯盟」（Breakthrough Energy

Coalition）這類提供資金研究解決清潔能源問題的倡議；全世界的非政府組織（NGOs）在勒布爾熱的「世代氣候空間」（Espaces Générations climat）和巴黎的大皇宮國家展覽館（Grand Palais）眾多展示攤位所做的展示說明；以及世界銀行的參與，它邀請了一千家公司共同支持碳定價信號（carbon price signals）的宣言。[4]

第二十一次締約方會議（COP21）是歷史上開放式外交最早的例子之一，這要歸功於全球共同體的大力推動，而催化這股力量的是新資訊科技、新溝通科技、特別是社群網絡的運用。在這種壓力下，各國政府如今更難去壓抑興奮騷動，如果他們打算讓協商失敗就需要付出更大的代價。而且他們也不得不加入。在二〇一五年這場非凡大戲的最後階段，全球共同體能夠運用有效率的方法讓所有有話要說的聲音相互合作，而不致讓任何人無法發言或是做毫無意義的宣言。困難依舊存在，不過這簡單的事實足以讓希望不滅。

為發展籌資另闢蹊徑：一個實驗性的小光點

阿迪斯阿貝巴會議為新合作世代的興起做出的另一個貢獻，是孕育了一個透過全球參與為發展籌募資金的新方法。

這個方法說不上全然新奇，但至少它從未取得如此多的收穫。水研究小組在二〇〇四年的書中就已提到：「夥伴參與在概念上是一項重大的貢獻，遺憾的是，它在蒙特瑞舉行的聯合國『融資發展』會議上受到懷疑和冷漠的對待。」[5]這裡的夥伴關係指的是一個「平等的對話」，要求「沒有人可以把責任推卸給其他人」並且「接受一個全球化新路線的共同道路，對其他人的腳步給予必要的關心」。它是一個由國家政府延伸到企業、機構和公民社會的多面向關係。

我們的全球小組在千禧年發展目標（MDGs）框架下進行的「水基礎建設籌資」工作，在這方面提供了啟示。我們提出的問題很清楚：如何提供資金協助無法取得飲水和衛生資源的數十億人？問題本身就具有革命性：「過去三十年來我們已經問過自己，我們的優先順序和目標是什麼，過去二十年來我們也為了技術性的解決方案進行過辯論。但是關於管道、關於金錢的問題，在二〇〇二年二月之前從不曾以如此清楚的方式被提出。如今它不再是個哲學思考的問題。它已盡可能平鋪直敘地明白道出，而且實際可行。」[6]

正因如此，我們把二十個不同背景的人聚集到同一個談判桌上，「實業家、非政府組織的代表、公家與私營的銀行家、發展專家、還有政治人物。他們代表的正當性完全來自於他們的專長和善意。」[7]在第一次的會議中，我們遭遇最為分歧的立場和利害關係[8]，並因此產生了疑問：「這對二十位懷抱善意的人情勢極其不利，儘管他們充滿雄心壯志，局勢讓他們只能有著不痛不癢的結果，而難以達成有活力的共識。」[9]不過，「出乎預期的情況發生了。這個小組的所有成員都不是溫吞的夢想家或是理想派，他們都是經驗豐富的男女……他們逐步卸除了原本的職業立場，以自由思考者的身分開始行動。」[10]經過十五個月的討論，這一群所謂的「智者」提出超過八十項的措施，其中有些是觀念嶄新但完全可試著推行的提議。這個在金融上和技術上都極為務實之方案的核心，是一個很簡單的概念：「在討論金融資源問題之前，處理水問題前必須先處理的是關於良好治理、協調和動員所有複雜干預鏈中所有行為者的問題。」[11]

藉由這個充滿啟發性的經驗，及隨後蘭多報告（Landau report）的深化（參見第十五章），我得到了個人最強烈的一個信念：當人們同意帶著善意同坐一桌、當人們有辦法認知並理解彼此的差異，要一起克服這些差異來解決對人類最重要議題的複雜疑問，即使困難重重，但仍有可能做到。

二〇一五年這一年提供了我們機會來重建夥伴關係的邏輯，為永續發展目標（SDGs）籌資找尋務實的解決方案。這與《從數十億到數兆》報告的精神完全一致。當你知道全球的機構投資者管理了七十兆美元，約莫等於全球國民生產毛額的總額，並且預估這筆款項到二〇二〇年會達到一百兆美元，你自然而然會想要找出為永續發展籌資的解決方法，而且它不應該全部交給官方發展援助（ODA）單獨解決。想當然耳，這意味著我們不應再循著過去的老路，我們必須動員一切力量去聯結哪怕是距離最遙遠的行為者，鼓勵他們為同樣的方案合作，並運用相同的金融體系（其工具和機構）做為催化劑。我們必須脫離以國家為核心的雙邊思維，轉向一個以夥伴關係為基礎的體系，並學習可以將公家與私營的金錢、國家與國際的資源更好地聯結在一起的方法。重新取回掌控權的意思是，我們要打造真正符合共善的共同控制權及共同目標。

由坐而言到起而行：文化轉型的初起步

這種革命性的思維模式仍舊存在。雖然在二〇一五年我們可以找出詞語表達我們對共同合作的興趣，來撰寫我們的報告，但更重要的是能夠締造國際間的協議。不過，認為我們已準備好，可以按照這個新的作業模式（modus operandi）來行動，可能還言之尚早。

新舊方法之間的轉型將是個漫長的過程。在準備這些高峰會的會議過程中，我親身體驗到了印證功效的證據力與國際處理程序的牛步化所帶來的緊張關係。事實上，民間動員與夥伴關係的動員，對習於按部就班、連最細微議程層級都必須加以規範的傳統外交系統，帶來了不安的顛覆作用。我們如何能管理如此眾多不同方向的討論，我們又如何能理解這些討論——它們不只是以多種官方外交用語來進行，甚至還包含了數十種民間的用語？對於並未抱持共同期待、發生在不同時間與地點的行動，彼此間又該如何來共同合作？我們要如何向一個公家機構說明民間資金，它很有可能只理解公式的運用卻並不了解背後的現實面貌？除此之外，立法者必然會指示行政部門如何運用公家資金，但是並沒有人有權力去對私營部門下達指示。公家與私營部門彼此有根深蒂固的不信任，這需要時間來緩解。我們能等待這麼久嗎？

這就是我們今天面臨的挑戰：我們在二〇一五年自認任務圓滿達成之後，如今該如何避免向前邁進時的痛苦挫折？我們如何將言語化為行動？我們如何確保我們在這非比尋常的一年中所做的承諾可以穩固成形，而不僅僅是浮泛模糊的想望？

我們維繫住了二〇〇〇年所懷抱的希望，大步向前並實現了夢想——事實上，我們雄心如今更加宏大。不過，訂定永續發展目標（SDGs）的「二〇三〇年永續發展倡議」（2030 Agenda for Sustainable Development），如今仍只是一本大部頭的文件，有著十七項目標和一六九個具體項目。德國總理梅克爾在一場會議中曾經挑戰與會者，能否將它們全部背誦出來。這正是官僚體系妥協的本質：我們必須去取悅每一個人。畢竟，讓這些承諾落實所需要的主要能力，就是把它們解釋清楚。在這些文獻可以改變全球公民，特別是改善最貧困公民的日常生活之前，我們必須對我們需要執行哪些重大努力先取得共識。

永續發展目標（SDGs）並無法律約束力。我們期望各國政府主動採納它們來設定可以達成其目標的國家框架，並依循這些目標，衡量他們各自的國家進展。不過，採納經過二十年辛苦協商才達成的巴黎氣候協議，並不表示參與的各方會自動遵照協議的規範；代表全球55％溫室氣體排放量的五十五個國家，必須經過政府認可立法之後，規範才會實際生效。而批准的過程破紀錄地在一年之內完成。在採納協議後之象徵性政治動作，以及立法批准的法律程序之後，我們必須著手落實必要的措施，還得要在有充足資金的情況下才可以進行。

二〇一五年有可能成為歷史性的一年，不過，幾年過去之後，如今這仍有待確認。民意如流水來得急去得也快，有時民眾支持意願的消逝又比它的凝聚要快得多。當初小難民艾蘭（Aylan）的屍體被沖到土耳其海岸邊的照片，讓整個歐洲群情激憤的熱潮，如今還剩多少？民意的鐘擺始終是在兩極間擺盪，一邊是團結、充滿象徵意義、情緒激昂的時刻，而另一邊則是恐懼和退縮。二〇一六年和二〇一七年幾個月之間，在英國、美國和法國進行的選舉結果都反映出這種情緒和張力，不論它們是否用不同方式被呈現出來。回想一下法國在尼斯的恐怖攻擊之後所掀起的溫暖和支持，如今國家團結的感受卻似乎已距離相當遙遠。讓我們一同期盼，期盼許多國家在二〇一六～二〇一七年歷經艱難之後，在未來的幾年之中可以見到人性再度朝著積極正面的方向擺動。

強大的危機打擊和任憑金融脫序失控而付出代價，讓全球共同體如今開始討論新的運作方式，以重新取回對金融與金錢的掌控。這個新方式首要的意義是集體的思考和行動。它同時也代表著把共同的善放在最優先，並討論共同的善其意義為何。二〇一五年達成的承諾是一個美好且合理的框架。現在我們有了條船。我們也有一個羅盤。該是我們出航的時候了。但是，大海依舊詭譎凶險。

第五章　新的離心力

在金融危機發生的十年之後，我們依舊逆風而行。二〇一五年激發的熱情已轉為對二〇一六年和二〇一七年的失望。人們為了共同的宏大目標齊聚一堂點燃偉大希望之後，離心力再度現身。原本或多或少得以控制的緊張局勢再度浮現。任何事物都逃不過這個命運。到處都充斥著經濟、地緣政治、社會、與文化的不確定性，其中包括疲弱的經濟成長、持續的戰爭、歐洲的危機；恐怖主義、民粹主義、氣候變遷、數位駭客攻擊以及難民危機帶來了未知的恐懼與不確定感。我們重新掌控金錢為共同的善服務的目標確實正遭遇到逆流。不過這些逆流既可以視為行動的呼籲，當金融被適度掌控時，它們也可以被改變。

經濟的宿醉：史無前例的循環週期結束

二〇〇〇年之後的幾年是以積極發展為開始。中國在二〇〇一年加入世界貿易組織

（WTO）後被納入國際經貿體系，並且發展出一套以低價生產和出口、公共支出以及人民幣低匯率操作為基礎的經濟模式。[1]對所有人來說這都是雙贏的模式：歐洲和美國的消費者可取得更廉價的產品，而原物料及具附加價值的貨品與服務的供應商，則可在中國市場以較高的價格出售他們的產品。在這段期間，中國經濟大幅躍進，成為全球第二大經濟強權並累積了全球最多的外匯存底。[2]我們已經忘了，在二〇〇八～二〇〇九年中國曾扮演藉著重新帶動全球經濟，挽救世界免於破產的重要角色。當時中國人私底下關起門說：「最要緊的是把私有資本主義救出來！」

我們知道，在嚴重失衡時期所建立的中國經濟模式，不可能永遠這麼持續運作下去。現在的我們，實際上是史無前例的三股力量匯流結果：中國經濟迎頭趕上世界、「原物料的超級循環週期」（commodities super cycle）以及美國非傳統的貨幣政策。這三股力量顯然持續扮演著推動的角色，但它們應該不太可能持續擁有如此強大的力量及高度的聚合性。

中國成長趨緩

第一個趨勢是，中國的經濟成長從兩位數降至個位數，但這只不過是回歸到常態而已。

我們固然應當歡迎回歸常態，不過這種正常回歸還是讓看好新興市場潛能的人們感到心驚膽顫。不管如何，以中國為首的這些市場在過去十年中，仍然貢獻了全球經濟成長的60％，同時還避免了二〇〇九年的世界經濟衰退！二〇一五年夏天，上海和深圳的股市崩盤，是對常態回歸的再次確認，直到當時，這些股市主要仍靠著中國個體存款戶的資金流所推動。最重要的是，中國成長趨緩顯示出這個經濟體對全球的新衝擊。二〇一五年夏天的人民幣貶值，是出自溝通不良所做出的決策，持續關注這個問題數月導致股市的動盪，也引發了對於中國官方數據統計品質的懷疑。這同時也說明了金融參與者的疑慮：簡單來說，中國領導者先前所做的一切，過去都被認為是基於善意且值得讚賞的，突然之間，他們所做的一切都變得有爭議而難以信任。特別是因為中國的持續轉型，正朝著以具附加價值之產品為基礎，同時以國內消費和服務為主的模式，而這似乎是一個緩慢而不確定的開始。如安聯（Allianz）的首席經濟顧問，同時也是前美國總統歐巴馬的全球發展委員會主席穆罕默德・埃里安（Mohamed El-Erian）所說的：「這個轉型時不時引發的動盪，讓世界的其他地區頻冒冷汗。」[3]中國這種成長的常態化，將對目前模式仍不夠完善的全球化帶來全面的衝擊。當亞洲金融危機在一九九七年引爆時，它對歐洲和美國的成長幾乎沒有造成衝擊。但在二〇一五年我們必須調整模式：亞洲經濟體占全球的國民生產毛額比例早已不再是10％，而是25％，它跺一跺腳全世界都能感受到。

原物料超級週期循環的結束

第二個趨勢是「原物料超級週期循環」的結束。過去三十年，在年增率超過10%的不間斷成長下，中國已成為主要消費國和大部分原物料（農業、礦業和石化業）的主要進口國：在二〇一五年，中國占了全球超過50%的鋁消費量、50%的碳和鎳消費量、30%棉花和稻米的消費量、12%油料的消費量。[4]在其他地區經濟成長緩慢的背景下，中國經濟活動趨緩（從股市崩盤和人民幣貶值得到印證），導致了近年來原物料價格的下跌，而這個情況在二〇一五年更加劇烈。在一年之內，原物料價格減少了40%到60%。儘管二〇一六年開始的價格回升預估還會持續幾年，不過仍不會回到先前的最高價格。這些價格的下跌對全球經濟是一個震撼——對歐盟或印度這類的進口國是正面衝擊，不過對出口國來說，特別是一些新興國家而言，則是負面的效應。

非傳統的貨幣政策：快要結束了嗎？

二〇一五～二〇一七年的第三個趨勢，或許是美國聯準會所實施之貨幣政策的結束，這是其他主要央行所仿效的低利率與寬鬆信貸的貨幣政策（這部分稍後會有更多細節討論）。[5] 我們認為這種不尋常的政策無法長久持續。不過我們仍未準備好放棄，當然也不會看到這些所有的現象在同時間中斷！一擊之下，市場會失去全部所有。縱然這個藥非常有效，突然中止服藥只會讓人頭昏眼花。

金融的未知水域：輸血手術和停止之必要，但是，要怎麼做？何時該做？

市場如今處於更加混亂的狀態，因為全球金融仍在復元中，且多年來處在「未知水域」之中。這個用詞在國際會議上頻繁使用，有些出乎我的意料。二〇〇七～二〇〇八年金融危機帶來最嚴重的後果之一，是為了重振全球成長的疲軟，金融體系已經完全交到了中央銀行的手中，使其中央之名從沒有像這十年這般名符其實。美國聯準會會怎麼說？歐洲央行會怎麼說？日本央行？英國央行？全世界如今都在等候這些由政府委任的合法日常獨立運作機構，向全世界挹注大量的流動資金，以撲滅金融危機帶來的大火。我們如今距離撲滅火勢已然不遠，但是我們還沒修復這些水患。房子還能挺立，但是基礎動搖，牆壁滿布裂縫。各國政府往往沒有執行機構上的改革，反倒是壓抑結構與金融工具，讓原本只是設計用來救急的非傳統貨幣政策繼續擴展，讓中央銀行成為穆罕默德．埃里安口中所說的「獨此一家，別無分號」（the only game in town）。[6]

因為如此，我們有著低利率甚至是負利率：超過十兆美元的政府公債正以這種方式發行或正要發行出去。這是金融領域出現的新現象。除了香港在一九八〇年代短暫如此之外，我們的利率從不曾低到如此地步。商業銀行存放儲備存款到中央銀行不僅無法孳生利息，還被要求付錢。這種短期的再融資過程還加上了長期所謂的「量化寬鬆」政策。這個政策由美國聯準會率先啟用，之後英國、日本和歐洲的中央銀行紛紛仿效。它的方法是透過大量購買債券（主權債券、政府債券、甚至是公司債券）來影響市場，在一段時期內降低利率，藉以影響整體匯率曲線，並透過較低息的信貸和財富效應來刺激需求。

從這個觀點看來，全世界仍在接受輸血手術，但這個治療方法如果持續過久，結果可能有害。這是穆罕默德．埃里安理論的核心主張：貧弱的全球經濟成長可能很快就轉變為經濟衰退，如果主政者不能快速回應，將會導致隨之而來的社會問題。另一派的金融專家則認為，只要透過資金挹注就能夠維持大約3%的全球經濟成長，這個體系也就可以支撐下去。亞當．鮑森（Adam Posen）認為這是很長一段時間以來，世界第一次找到了可持續的成長步調，它將有助於經濟緩慢卻穩定的復甦。[7]

事實上，專家們對於我們該選擇哪一個方向，看法並不一致。過去兩個世紀以來因為工業革命帶來全球財富的驚人成長之後，我們如今是否進入了「新平庸」（new mediocre）階段（套用國際貨幣基金主席拉加德〔Christine Lagarde〕的說法，它脫胎自穆罕默德．埃里安的「新常態」概念），甚至是「長期增長停滯」（按照桑默斯的說法）的階段？國際貨幣基金（IMF）的第二號人物大衛．利普頓（David Lipton）二〇一六年五月於彼德森研究所的談話[8]，為這兩個如今令我們苦惱的主要理論，做出很好的摘要整理。一方面，有些專家認為目前的成長趨緩是因金融體系中尚未完全清除的危機後遺症所造成，它的病徵包括延遲的債務調整、持續性生產過剩、貨幣政策相互矛盾、撙節措施的不良效應以及投資與消費障礙。在另一方面，有些專家認為低成長本身就是缺乏可獲利投資的徵兆，這個情況早在二〇〇八年危機發生之前就已經出現，在十五年的低利率期間儲蓄仍持續增加就可說明這一點。這正是經濟學家桑默斯的理論，這個理論預測了經濟長期的增長停滯狀態。

不論如何，在如此情況下，我們如何找到投資和儲蓄之間最佳的平衡？我們如何彌補先進經濟體本身的勞動市場，因為就業人口成長低迷及生產力較低而造成的弱點？當我們知道全世界擔負著債務重擔時，我們應如何重新修正貨幣政策？我們要如何與新新國家達成協議？他們本擁有著迎頭趕上的巨大成長潛力，但是照如今的預期，他們十年內的成長步伐將減少三分之二。

如大衛・利普頓所指出的，一九七〇年代專家與決策制定者所倡導的經濟發展模式如今已然失效——這原本是一個承諾全球化光明未來，透過資金累積、教育倡議和借助科技使生產力提升，來達成商貿開放、整合外商直接投資、融合先進與新興經濟體的經濟發展模式。當今在巴西、俄羅斯、墨西哥、甚至南非的政治緊張局面，反映出民意對於未充分實現融合的失望。利普頓談到「反直覺現象」（counterintuitive phenomenon）。事實上，近年來面臨多重轉型的全球化，現在正在經歷一個複雜的階段，包括它的模式及其背後的分析方法，都正在重新調整和重新運作中。明顯的事實是，不論是國際貨幣基金、世界銀行和經濟合作暨發展組織的年度預測，都定期被重新審視和修正，而且多半是向下修正。

在許多人看來，全球化的前景黯淡。對市場波動的擔憂，遠大於金融相互聯結可能得到的利益。在二〇一六年和二〇一七年，全球經濟的明顯特徵一方面是焦慮和緊張的加劇，另一方面則是復甦在望的經濟。伴隨美國大選之後的股市回升雖然強勁，但同時也引發了關於回升原因和其可持續性的疑問。從諸多國際論壇中可以看出，貿易政策的緊張關係再次升高。

地緣政治的衝突

除此之外，地緣政治也高度緊繃。全球正經歷數十年來最大的動盪，這很可能是自一九六二年的古巴飛彈危機以來，最不穩定的時刻。根據「厄普薩拉衝突資料庫計畫」（Uppsala Conflict Data Program）的資料，武裝衝突已經回升到自冷戰結束之後的最高水平。從這個觀點來看，以全球規模而論，二〇一四年是自第二次世界大戰以來，死傷程度第二嚴重的一年。[9]

幸運的是，當今地緣政治的動盪並非全球性的。不過，緊張持續在五大洲擴散，許多地區都能感受到它的效應。中東地區因內戰和國際衝突而四分五裂，部分國家的政府運作已經失能。烏克蘭與俄羅斯的相互對抗延續到歐洲歌唱大賽（Eurovision）的舞台。[10]美國和中國因為南海的主權爭議而相互對立，南海周邊各國用還堪稱和平的手段，向同樣使用這個區域的其他國家提出挑戰。新興經濟體開始公開反抗先進經濟體在國際金融的掣肘。北韓威脅動用核武。非洲撒哈拉以南之薩赫爾地區的一連串軍事衝突，讓人擔心這裡將出現另一個阿富汗，而各國不管在政治上或是經濟上，都提不出穩定這個區域的對策。其他的危機還包括東非的非洲之角（Horn of Africa）持續衝突，西非緊張局勢升高，甚至也包括委內瑞拉的動盪以及其他幾個依賴它石油出口的國家的動盪。

石油出口國家如今所面對的挑戰，讓緊張的局勢更加惡化。油價的下跌相對而言對進口國相仍是好消息。[11]不過原油及其他原物料價格的下跌，在一些地緣政治穩定性與經濟體質良好程度密切相關的地區，如今有著越來越大的影響力。中東地區是一個教科書案例，油價下跌讓伊拉克與敘利亞變得更加脆弱，它們被包夾在這個地區的主要參與者：埃及、伊朗、沙烏地阿拉伯和土耳其之間。過去兩年，沙烏地王室對社會與經濟變革所做出的決策，反映了這場動盪的嚴重程度，以及需要因應調整的幅度。雖然許多人依舊質疑沙烏地阿拉伯落實其目標的能力，但這個變革至少反映出他們明白現況已難以立足腳跟。油價危機也為一些有影響力的大國增添了不利的因素。例如俄羅斯，它本身已經因烏克蘭危機而承受國際制裁的打擊；又如巴西，正因為重大的政治危機而嚴重分裂。其他受到影響的國家還包括高度仰賴石油這個「黑金」的產油國，如奈及利亞、安哥拉、阿爾及利亞和委內瑞拉。

恐怖主義是另一個令人苦惱的因素。喀布爾、巴格達、薩那、圖魯茲、雅加達、安卡拉、布魯塞爾、巴黎、哥本哈根、突尼斯、貝魯特、聖伯納迪諾、蘇塞、巴馬科、瓦加杜古、大巴薩姆、拉合爾、奧蘭多、伊斯坦堡、尼斯、曼徹斯特、倫敦。[12] 恐怖攻擊的清單持續增添，不斷增加的無情暴力製造難以言喻的驚恐。全世界再無一個地區的安全無虞。這波恐怖攻擊的浪潮，不只為全球共同體滋長了反抗與恐懼，對邊界的控制與國際金融流動也有沈重影響——這是國際間辯論與緊張的主要議題。

歐洲現今不穩定的局勢，是經濟和地緣政治緊張相結合所帶來的悲哀結果。隨著對「申根區」的質疑[13]、英國脫歐的震撼，以及對難民危機無力做出協調一致的回應，歐盟的穩定受到前所未有的嚴重損害。國族主義的興起，讓極右派政黨逼近政權的大門。歐元危機標誌著這一與現實斷裂的開端：二〇〇五年在法國與荷蘭公投失敗（為批准歐盟憲法）的第一聲警報之後，在被視為不透明、不公正、且不民主的體制下，二〇〇八～二〇一一年的金融危機及隨後的經濟風暴造成歐洲人長期的損害。

更糟糕的是，金融危機再次揭開歐盟成員國之間的瘡疤。我是出身於德國邊境的亞爾薩斯人，我老是聽到祖父跟我解釋萊茵河並非一個邊界，而是一條通道，所以我長大之後一直充滿「歐洲民族更緊密團結」的夢想。讓人不安的是，我聽到德國人抨擊希臘人，要求希臘人賣掉小島來攤還債務；希臘人則回擊說，他們不需要聽一個在雅典衛城升起納粹旗幟的國家來教訓自己。我也很難過聽到人們用「豬玀國家」（PIIGS，指的是葡萄牙、愛爾蘭、義大利、希臘和西班牙）來指稱在歐洲邊陲的國家。這個蔑稱使用得實在太過普遍，連我自己過去在一些報告裡，也使用了這個說法。

在歐元危機引發了南北緊張局勢之後，難民危機則顯示出歐盟東西部之間讓人不安的緊張態勢。我對難民危機的憂慮更甚於歐元危機。歐元危機雖被視為是「技術性的危機」，但動用幾十億元總能找到解決方法，難民危機則是對我們的共同價值投下了疑慮的種子。人類的共同之處是什麼？這個攸關存在本質的問題，是許多問題的核心，也難以找到答案。

世界的新危機

在眾多引發憂慮的問題之外，如今還多了新的威脅：氣候變遷、數位革命以及流行病。

氣候變遷：感受熱浪

人類活動對氣候及極端氣候帶來的可見影響，讓原本就經濟成長緩慢、且往往伴隨地緣政治緊張的地區更加動盪：奈及利亞、敘利亞和葉門就是明顯例子。我們可以確定，對於撒哈拉以南非洲這類最貧困地區，新的全球暖化問題未來威力將更加強大、更具災難性。世界銀行在二〇一四年底出版的報告《調降熱度：對應新氣候常態》（*Turn Down the Heat: Confronting New Climate Normal*），[14]其中有一點是無庸置疑的：從現在開始直到本世紀中葉，地球溫度將比前工業時期升高將近攝氏一．五度（華氏三．六度）。不過，我們只需稍具企圖心的減碳方案，就可以改變這種現象。聯合國在二〇一六年四月提出警告，過去十二個月來全球旱災總數已經加倍（部分原因是溫暖的聖嬰現象赤道洋流所觸發），威脅到十億人口的糧食安全。[15]這個氣候現象也導致珊瑚大量死亡，對海洋生態系帶來嚴重後果。近年來淹沒法國沿海地區和其他國家的大洪水，提醒了我們全世界正受到這些災害的影響。舉例來說，海平面升高對摩洛哥將會造成嚴重影響，當地超過60％的人口以及超過90％的企業都位於大西洋沿岸的大城市中。相較於成因相對單純，但至今仍未解決的敘利亞難民問題，未來幾十年內我們很可能要面對更大規模的人口遷徙。

如果考慮到巴黎氣候協議，這些對將到來威脅的預測顯得更加嚴峻，畢竟巴黎協議雖然具企圖心和必要性，但是它只是個起步，仍不足以有效抑制這些效應。一如聯合國在簽署這項協議的前夕所提出：「除非簽署協議的代表們，能夠明顯提升他們對於減少溫室氣體排放的承諾，否則我們就有被氣候變遷急速加劇的步伐所擊倒的危險。」就現實面而言，這意味著「世界現在必須站穩立場並做出快速轉型，從石化燃料快步轉向可再生能源。」[16]否則世界可能重演人道危機並蒙受巨大經濟損失，同時將給地緣政治帶來現今仍難以想像的後果。前美國總統歐巴馬在外交政策上，對敘利亞危機關注的程度遠不如對氣候變遷的關注，當然，這是基於氣候變遷對美國安全衝擊的考量。美國的新政府（雖然目前還在持續推進運作的階段）同樣關注兩者，卻以截然不同的觀點面對它們，特別是川普總統決定退出巴黎氣候協議就可證實此點。

數位焦慮升高

數位革命帶來許多希望，同樣衍生許多問題。「優步化」（Uberization）及機器自動化是否將從我們手中接管個人數據、隱私、工作以及國家主權？帶著全面取代政府功能的雄心壯志，Google、蘋果、臉書、亞馬遜這四巨頭（GAFA）和其他網路巨擘在將世界標準化的同時，是否也正顛覆最脆弱的體制、侵犯個人主義、同時加深貧富的差距？如果矽谷成為新帝國的中心，我們要到哪裡找尋能夠公平聯結世界的方式和管道？和金融一樣，數位科技也是盲目的力量，如果未經馴化，也可能導致人類的毀滅。和金融用語一樣，二位元的語言也可能導致人性的傲慢：正如人們建造巴別塔通向天際的傲慢！打造今日全球化的「指數型組織」可能承諾我們一場和平、解放的革命，追求全體人類的善，但是它們在全球經濟體中不成比例的重量也引發諸多疑問。這些組織在法國或是歐洲甚至更加可怕，因為儘管有諸多的倡議，歐洲仍不知如何打造自己的數位挑戰者與之相抗（少數的北歐科技獨角獸算是例外）。

在互相聯結的世界裡，流行病風險更高

在我們日益緊密聯結的世界中，流行病的風險節節高升。自二〇〇〇年以來，這種威脅越來越頻繁出現：大腸桿菌疫情（*E. Coli*）、狂牛症、禽流感、H1N1病毒、伊波拉病毒、茲卡病毒、中東呼吸系統綜合症（MERS）病毒。大約每隔三年，就有一個流行病從地球某個遙遠的地方傳來。科學界和政府當局相信這種現象將持續並且加劇。如今地球上大約有七十五億的居住人口，其中超過半數聚居在大都市。我們以肉類為主的飲食習慣，導致動物日益集中——這些都是致病病毒發展的幾個重要因素。再加上海運與空運交通相互聯結程度持續增加，讓重大全球性傳染病的風險大增。世界銀行評估，一個西班牙流感類型的傳染病透過空

氣傳染散播，可能在二百五十天內奪走三千三百萬人的性命，並造成全球三．六兆美元的損失（相當於全球4.8％的GDP）。比爾．蓋茲二〇一七年二月在慕尼黑說：「不論是怪異的自然現象或出自恐怖分子之手，傳染病學家都說，快速移動的空氣傳播病源體可以在一年之內殺死超過三千萬人。他們還說，在未來十到十五年內世界都可能經驗到這種大爆發。」

風從四面八方吹拂而來，任何人都不容易理解眼前到底發生了什麼事。即將發生的事情似乎巨大無比超乎規模。製造危機釋放風暴的金融，似乎是名符其實的罪魁禍首。而且到目前為止，金融都不是提供解決方案的貢獻者。一思及此，對共善而言，金融實在是名列前茅的公敵，它在許多方面也是引發社會挫折感的主要來源。

第六章　挫敗與政治動盪

前所未見的社會挫折感

在這個威脅不斷出現，複雜而不穩定的世界裡，人們認為當前的體系是無法永續的。對於規畫設計既有全球金融體系的美國或是法國來說，當前全球化的道路似乎充滿不確定，他們的人民也為國家衰退的前景感到憂心忡忡。

不過，儘管置身於不確定之中，全球共同體從不曾像現在這般富有、有這麼多的生產、這麼多的消費以及做這麼多的投資。[1]不過這個豐裕程度非比尋常的全球共同體，它的豐裕卻不是所有人共享：國家間的不平等差距已經縮小，而一些國家內的不公平則益發擴大。這在一些已發展國家和經濟成長特別快速的新興國家裡尤為明顯。中產階級的平均壽命和生活水平已停止成長，而在他們實質薪資減少的同時，菁英階級的財富卻增加了。收入的不平等，再加上財富和機會的不平等（機會的不平等指的是因缺乏管道提供教育或照料，以至妨礙了人們展現所有的潛能——正如聖艾修伯里所說的：「折磨我的並不是那些傴僂身影、空茫神情或是醜陋樣貌。真正折磨我的，是這些人身上都可以看到一點點莫札特的天分才情被扼殺的景象。[2]」）讓成長變得不穩定，並為社會製造了巨大的挫折感。

前所未見的財富創造

民眾的抗議運動，如美國「占領華爾街」以及在歐洲反撙節措施的「憤怒者運動」（Indignés/Indignados）持續蔓延。這些示威運動顯示出，有些人對於資本主義以及他們的機構（政府、媒體和公司）為他們服務並幫他們打造的未來，已經失去了信心。民粹派如唐納・川普、奈傑・法拉吉（Nigel Farage）或是馬琳・勒朋（Marine Le Pen）他們在選舉上的勝利或進展，正說明這種憂慮不只顯示出少數人的不滿，如今更已成了主流的想法。這是我們至今仍為全球金融危機付出的昂貴代價。一般的普通百姓覺得自己被「設計」了。他們內心充滿怨憎，他們發現到市場經濟、金融體系、乃至於整個制度並不是為他們工作，而只是為以銀行家和菁英階級為首的少數人利益運作。

未能讓全部的人獲利的繁榮：似有隱情

這個信任的危機因內部揭密者所揭露的祕密資訊，進一步地惡化。朱利安．阿桑吉（Julian Assange）創辦的維基解密（WikiLeaks）洩露了敏感的文件；前美國國安局顧問愛德華．史諾登（Edward Snowden）公開機密的資訊；一個不具名的消息來源公布「巴拿馬文件」（Panama Papers），裡頭詳列了許多全球知名人物的避稅做法。我們的世界日益透明，讓我們得以了解一些複雜棘手的議題，但在此同時，也助長了「天下烏鴉一般黑」的想法和陰謀論。這些私密資訊的揭露使一般大眾深深認定，有些事被隱瞞、被遮掩，世上的菁英權貴階級幫自己獨占了最大的好處。（讓人尷尬的是，除了以貪汙知名的一些國家「慣犯」之外，一些被認為清廉的國家領袖，像是冰島總理和英國首相，也名列巴拿馬文件的金融醜聞中。）在民眾對這類事件譴責、憤怒、失望、甚至鄙夷的時刻，我們不能再假裝視而未見。

便宜行事與退縮的誘惑

隨著個人權利意識擴大，所有意見應一視同仁的信念高漲，這種普遍性的懷疑也被深化，傳統權威與政府形式的正當性如今也受到質疑和挑戰。

在法國、歐洲、及世界各地，對權威的反抗和對未知情勢的恐懼成了普遍現象，部分原因也在於領導力量從未如此脆弱，甚至完全缺席。如今，美國再也無法像過去一樣擔任世界的警長，這是再也無人可以單獨行動的時刻。反對自由貿易的立場在美國大選贏得勝利，並開啟了從貿易協議撤退的循環週期，而這點在川普總統上任之後更是獲得確認。歐洲不再齊心協力地回應世界的緊急事件。但隨著法國總統馬克宏的當選，過去暫時被擱置、團結且具有前瞻性的德法夥伴關係或許將重新復甦。英國政府無法迴避國族主義者對英國脫歐的要求，引發了政治危機——並以失敗告終。西班牙維持了數個月的無政府狀態。比利時未能對近來的連番攻擊做明確處置而暴露其政府主權的脆弱。土耳其在反艾多安總統的失敗政變後，內部裂痕更加擴大，行政部門則透過公投進一步擴張權力。俄羅斯與烏克蘭的衝突還在持續進行。索馬利亞依舊是失能的國度。伊拉克、敘利亞、還有如今的利比亞面臨伊斯蘭國（the Islamic State，簡稱 IS）的挑戰。中國對於接手全球領導者的角色猶豫再三。這份清單我還可以不斷寫下去：世界從不曾面臨過如此多的權威危機。

比起十五年前，如今要治理這個世界更是複雜困難。七大工業國（G7）的時代，也就是由西方強權影響甚至指揮國際議題早已過去；如今的 G20 成員擴展到了新興國家，他們既沒有共同的價值觀也沒有相同的優先順序。這個世界與伊恩・布雷默（Ian Bremmer）在二〇一五年十二月所稱的「G零」（G-Zero）相去並不遠。[3]不過，這些國際的高峰會雖不完美，卻也不可或缺。我們不能任憑引擎無人看管自行運轉，凌駕在這些掌權負責的人們之上。我們必須讓「領導人的高峰會」（leaders summits）變成名副其實的「領導高峰會」（leadership summits）：找出方法展現領導的能力！我們要的是決策與行動，而不是精雕細琢但是空洞無物的官方公告。

目前的局勢代表了民主體制和世界的真實危機。全球領導力量的失敗——一方面權威受到挑戰，再加上社會動盪以及在混亂時局中對未知的恐懼——調出一杯一觸即發的雞尾酒，餵養煽動者來擊敗務實的問題解決者。在世界各處，民粹主義和極端主義都正在獲取重大勝利，或至少是緩慢而持續的抬頭，他們提供選民簡單的「常識性的答案」，跟選民說他們想聽的話。不管是美國的唐納・川普、法國的馬琳・勒朋、菲律賓的羅德里格・杜特蒂、匈牙利的維克多・歐爾班、英國的波利斯・強森（鼓吹英國脫歐公投的前倫敦市長）、波蘭的「法律與正義黨」（PiS）、奧地利的「自由黨」（FPÖ）、德國的「另類選擇黨」、或甚至是希臘的「黃金黎明」，他們激進而排外的追隨者努力將其獨裁風格「去妖魔化」，帶給全世界的選舉嚴重的挑戰。在時局困難、信任感低落的時刻，最便宜行事的做法就是把責任怪罪到特定的團體（菁英階級、難民、穆斯林）、主張脫歐、關閉邊界、興建圍牆、閉關自守。相比之下，比較困難的是跟大家解釋殘酷的事實，告訴大家我們必須捲起袖子、共同合作，因為憑藉一己之力我們絕對無法完成任何事。

我們必須找出核心問題的答案，才得以駕馭金融為共同的善服務，並讓全球化走向正確的道路。我們必須證明，只要共同努力就能解決世界的問題——經濟、金融、教育、衛生、氣候、移民。為做到這一點，我們必須在超越國界的同時，也尊重這些讓人安心的界線。每個人都需要在某個地方找到像家的歸屬感。然而，這個世界比過去都更需要共同合作。尤其是所謂的「舊大陸」如今正意圖自我退縮的時刻，比起過去，更需要有來自其他地方的人來賦予它新的力量。當歐洲過去提供人類跨國合作模式，如今卻正面臨內部崩塌的威脅，我們該如何因應？還有，對塑造今天全球秩序的美國懷抱如此深切的懷疑時，我們又該如何回應？

另一個同樣根本的問題是，塑造當今國際金融體系的西方民主體制國家中，中產階級的情況。法國的「黃金三十年」（*Trente Glorieuses*，從一九四五年到一九七五年「光輝的三十年」）帶動中產階級的興起，他們成為民主制度的核心骨幹。當中產階級衰落，無法再趕上這個階級成員所代表的社會進步步伐之時，當中產階級似乎不為人代表之時，民主制度本身的核心就面臨攻擊。面臨全球經濟成長持續趨緩的步調和不公平情況的加劇，面臨和平與繁榮的普遍夢想受到威脅，我們還能下結論說，中產階級的興起只不過是歷史的偶然嗎？中產階級的人數是否注定要萎縮？中產階級的衰落是否已經危害到民主的制度？

如果要為我們的模式重建意義，我們就不能忽視這些重要的問題。它們關乎的不只是經濟的模式，還有政治、社會、與文化的模式。在缺乏間單扼要答案的情況下，如今在全球肆虐的離心力有可能摧毀我們至今所建立的體系。

最重要的是，我們不應向惑人心志的悲觀想法投降。我提出的建議，並不是像女祭司卡珊卓拉（Cassandra）一樣對世人發出無力回天的哀憐，而是要強調在現今，包括極低利率或負利率等各種威脅環伺的環境，它產生的認知偏差導致了我們只專注想著「我們可能會出什麼錯」，而不去想「我們可以做對什麼事」。這種難以抗拒的誘惑讓我們任由恐懼主宰──儘管我們明明知道有手段可以征服它。正如麥克阿瑟將軍在論青春之目的時所說的：「當你的心被悲觀的雪和譏誚的冰所覆蓋時，如此一來，且唯有如此你才是真正老去。而到這時，就如歌謠所說的，你只是凋零。」

金融未被好好駕馭，讓我們走到今天充滿質疑和混亂的境地。我們如今已逼近悲觀主義和憤世嫉俗的邊緣。我們每個人都無能為力，是吧？不過，這也正是我們應該投身參與和討論下一步的時候。說不定，金融可以改變我們努力的路徑？說不定，金融可以拯救世界？

第七章　十字路口上的人性

在伍迪．艾倫二〇〇五年的電影《愛情決勝點》裡，一顆網球擦中網子上緣，猶疑著該落在哪一邊。球落在哪一邊將決定一個球員輸球，而另一位球員拿下勝利。人類是否也來到這樣的一點上？「在史無前例的全球背景環境下，即將到來的未來特別難解讀」，當時的艾德蒙得洛希爾銀行（Compagnie Financiere Edmond de Rothschild）執行長米歇．西谷瑞（Michel Cicurel）在二〇〇七年做出了如此的觀察。[1] 如今更甚以往，「我們的世界在不同想法之間擺盪」。在恐懼、勇氣和希望的驅使下，我們不該仰賴機緣或命運來為我們做決定。這顆球該落在網子的哪一邊？

別讓錯誤寫入歷史

今天，全球化的未來正處於十字路口。我們的行動仍可能帶領我們走向歷史上最美好或最惡劣的時代。做出改善並避免因地心引力而從滑坡上溜下，完全操之在我。在歷史上，這並不是我們第一次面對這種選擇，不過，或許這是第一次在如此緊密連結的世界裡，面臨這種情況。堅定不移地向前邁進，至關緊要。

如果我們任隨活躍的力量自行發展，如果基於軟弱心態而將我們製造的混亂留給下一代去清理，那我們留給後世子孫繼承的將是一堆負債而非資產，而這些負債將扮演毀滅的力量，最終擊潰團結的力量。難道我們真的想要重演一九三〇年代的場景，讓世界走向失控的狀態嗎？

對抗「自掃門前雪」心態

如果任憑國族主義、帝國主義、保護主義、區域主義和個人主義的思想蔓延興盛——根據大衛．利普頓[2]的說法，這是O-H-I-O的策略（own house in order，也就是先把自己的家顧好，自掃門前雪），讓各個國家關閉邊界、填補缺口、打造外匯存底、等待著事態好轉，那麼我們的大局將交到平庸拙劣之流手中。如果任憑英國人——他們比蘇格蘭人或愛爾蘭人更有可能——脫離歐洲之外自行其是並解散申根區，任憑中國和俄羅斯在他們的影響區域中運作，任憑伊斯蘭國擴展、任憑地球變暖、任憑GAFA（Google、蘋果、臉書、亞馬遜這科技四巨頭）挪用我們的數據、任憑希臘人挨餓、任憑難民溺水、任憑最貧困國家失敗——簡單來說，就是放棄政治、經濟和國際的金融合作，切斷我們曾如此逐一細心繫上的聯結——那麼我們將落入一個新版的一九三〇年代。

請牢記邱吉爾著名的提醒：「忘記歷史的民族註定將重複它的歷史。」[3]歐洲不應該用羅馬帝國在一千六百年前的相同手法來對待難民，當時所謂「蠻族人」受到匈奴人的壓迫而大批向西湧入帝國，情況或可和今日的伊斯蘭國相類比。這個逸樂而頹廢的帝國從內部自然崩潰，因為它無法找出一個吸納這些人口的明智辦法，並打造新的社會契約。

邪惡的選項

擔任歐亞集團（Eurasia Group）主席的美國政治學家伊安・布雷默看到全球化的三種可能發展曲線，其中兩個並無可資慶賀之處。第一個是由上而下的曲線（寡頭模式），由菁英壓迫底層，所謂的「全球次階級」（global subclass，被視為沒有生產力或是貧困無用的公民）在政府和社會有形或無形的邊界隔離排除的效應下，他們的全球化減緩甚至停止。我把它比喻成羅馬帝國走向的路徑：設「防線」（limes）在邊界防堵蠻族於外，而「麵包與競技場」（panem et circenses）設於內，以食物和娛樂滿足人民；這種方式有效運作了數百年，不過，當然那是推特或是臉書尚未存在的時代。第二種則是由下而上的曲線（革命模式），從底層接管菁英階級的權力：富有階級的全球化減緩或是停止，社會動盪蔓延，網路攻擊伴隨著強制透明化（以及其他不對稱的因應措施）阻礙了機構的有效運作。這個情景有些類似於法國大革命的發展路線，它將意味著特權突如其來的消失。

雖然未來的曲線走向不是如此地截然二分，我們也不該就此認定這些有極度風險的模式絕對不會發生。二〇〇七年的金融參與者就曾犯下這種錯誤，他們誤信金融災難幾百年才會發生一次，這類型的危機不可能發生（上一次發生是在一九二九年）。這就是塔雷伯（Nassim Nicholas Taleb）「黑天鵝理論」的例子。人們一直相信天鵝是白色的，直到有人在澳洲找到了黑色品種的天鵝。塔雷伯是研究或然率知識論的主要專家，他說明了隨機且高度不可能的事件會不時在我們生活中上演。[4]即使在五年前，有誰敢說敘利亞的衝突會產生數百萬的難民，而將歐洲，包括把難民當成重要政治議題的德國在內，都帶向危機的邊緣？有誰曾預測到大衛·卡麥隆在歐洲土地尚存在恐怖主義危機的時刻，宣布要進行英國脫離歐盟的公投——而且即使在公投的前一天，有誰會大膽預言隔天的投票結果會通過？[5]

我們也不該誤以為災難只會發生在別人的頭上。我們都活在同一個地球。至少到目前為止，我們都還沒有辦法脫離這顆由美國太空總署（NASA）在一九七二年成功捕捉到永恆影像的藍色星球。我們的命運彼此相連：如果某些離心力量所引發的威脅降臨，不論是地緣政治的、經濟的、金融的、氣候的、傳染病的、或是數位的——我們大家都同受影響。我們無法逃離全球化；不論它走的是什麼樣的曲線，我們都無從掙脫。

雄心壯志的第三條路：「共同住宅」的重新設計

被布雷默稱之為「共同住宅」（condominium）的第三條曲線，像是個共同擁有的住宅：儘管違反市場的力量，政府（還有企業）在壓力下重新打造社會契約以減低不公平現象，並讓中產階級重新取得他們的地位和發展機會；全球化依現有形式持續運作，在採行供應鏈在地化的同時，尋求所有人的利益。它的結果不會是一場革命或是帝國的崩潰，而是由屋主來負責建物的維修：修護電梯、清理樓梯、讓鄰居們可以彼此交談。

這是人類在今天仍有機會寫下的歷史替代版本：它的大綱已經在二〇一五年擬定。這個關於馴服全球化的歷史，將別無例外地提供給所有人獲取更好生活的管道。顯然，這個目標我們還從未達成，純屬一個理想。不過這個目標可以創造正能量。它設定了一條漸近式道路，朝向更幸福的世界、令人類進入新的啟蒙時代和新的文藝復興。

書寫這個版本的歷史需要花費更多的努力。正如最糟糕的選項一樣，這第三個選項同樣有著自我實現的傾向，它的書寫需要更多的勇氣、投入、責任和領導精神。選擇希望的道路並非易事。

歷史的教訓：最糟的情況不一定糟

不過，選擇希望的道路將是值得的！二〇一〇年五月，我在法國農業信貸銀行籌劃的午餐會裡，最年長的與會者是法國財務督察長賈克・德・夏蘭達（Jacques de Chalendar）[6]。同桌的是廣泛代表法國行政與經濟的菁英分子，大家討論著當時正進入第一次高峰期的希臘危機。夏蘭達在午餐接近尾聲時發言，他說：「我在二次世界大戰期間加入政府部門，當時情況嚴峻，前景無比黯淡。在當時，沒有人會看到法國最美好的時代即將到來，在戰後出現『黃金三十年』。如今當家作主的各位，與其哀嘆感慨，不如捲起袖子好好打拚，為重建你的國家而努力！」這段呼籲深深令我動容。它讓我們看清局勢：經理人的身分讓我們往往沈浸於最迫近眼前的未來，以至於我們常過度在意壞消息而輕忽了好的消息。如果歐洲、還有全世界的人們，不是聳聳肩膀齊聲說自己實在無能為力，而是把這一切當成最美好黎明即將到來的時刻，情況會變成什麼樣呢？這不是會讓人們勇氣百倍嗎？

「朝我們的危機衝去」：危機就是契機

現在是歷史性的時刻。經濟危機和金融危機留下了停滯成長的世界，讓我們可能再也回不到「黃金三十年」或是「大穩定時期」的穩定。不過，這個世界仍有成長的蓄水池，[7]我們仍有管道可把它們整合到國際體系中。特別是人口組成仍會是主要的力量。世界的人口在未來數十年將會再增加三十億！然而，在這個後危機的世界，利率已經低至孳息幾乎不存在。銀行已經把主導權讓給了機構投資者，其管理金額即將達到一百兆美元：這些金融參與者毫無疑問地將在總體經濟的平衡中發揮作用。我們的世界在G20集團裡頭還有一個獨一無二的合作機構，它在二〇〇九年已有能力以歷史性的姿態回應全球金融危機。儘管談判桌上並不是所有聲音都能直接得到代言，但國際組織在促成國際合作上角色已越來越吃重。

在此同時，聯合國已經為下一個十五年制定了永續發展計畫。這些共同的目標企圖宏大也很脆弱，但至少它們已經被提了出來、並經由三個國際協議批准通過。各種圍繞著合乎倫理、負社會責任籌資方式的構想，不斷地被提出討論並探討新的可能。它們可以擺脫必須每季定期報告的束縛，做目光長遠的設想，導引投資進入具有意義、可提供人類未來的可行方案。[8]

氣候變遷尤其引發越來越多有能力做出改變的金融參與者的關注——為首的是國際的保險業者。英國央行行長，同時也是G20的金融穩定委員會（FSB）主席馬克・卡尼（Mark Carney）針對這一點，在二〇一五年九月發表了歷史性的演說，堅持把氣候風險列入全球金融考量的必要性之中：

> 管理的必要性正在升高，巨型風險（mega risks）重要性一如以往……。雖然氣候變遷在科學上的不同意見始終存在（一如其他科學議題一樣），但我發現保險業者是最堅定主張這個問題越早處理越好的一群人。這絲毫不令人意外。當其他人還在進行理論上的辯論，他們已經開始處理實際的問題：自一九八〇年代以來與氣候相關的災損案件登錄數量已經增加三倍；這些案例的保險損失，經通貨膨脹調整後，也從一九八〇年代年平均一百億美元左右，增加到過去十年來的約年平均五百億美元。[9]

全球金融穩定以及長期的全球共同體的財富，都會因這些動盪而受到威脅。馬克·卡尼列舉出了三個重大風險：

- 實際的風險：現有的氣候以及氣象災害，對於保險責任與金融資產帶來的影響後果，例如洪水和風災會導致財產損害或貿易的中斷。
- 與責任相關的風險：因為氣候變遷影響蒙受損失或損害的一方，向他們所認定應負責的一方尋求賠償將面臨可能風險。這類的訴訟程序在幾十年內可能會出現，開採與釋放碳的業者最有可能因此受到沈重打擊，而承擔這些業者責任保險的保險業者同樣會受到衝擊。
- 與轉型相關的風險：朝向低碳經濟調整過程中的金融風險。政策、技術和具體風險的改變，隨著成本與機會的明顯變化，可能會導致大規模資產價值的重新評估。[10]

金融與氣候，在上述這三個層面上，是緊密相關的。我們不可能對只處理其中之一而無視其他。

重新創造金融體系、重新定義全球投資生態系角色參與者、並重建企業基礎的時刻是否已經來臨了呢？許多決策者都同意我們需要採取行動。那麼我們還在等什麼？我們時間已經不多了。科技變革的快速腳步，再加上地緣政治的不穩定與氣候暖化的結果，已經對全球經濟構成短期的威脅。一如馬克．卡尼在二〇一五年九月所強調：「機會之窗的時間有限且正在闔上。」我們今天就必須行動；借用詩人勒內．夏爾（René Char）的詩：我們永遠都應正面奔向威脅我們的風險。[11]事不宜遲！我們重新取回掌控權的時候到了。

「他們」就是我們！

「我們」指的是我們每一個人。「他們」則是指我們所批判——有時可能論斷匆促、有時則相當合情合理——的不負責任政客、總裁、董事和管理人。

當然，「他們」本來就有義務要樹立好的模範。他們身負著重任：我們做為公民、股東、或是僱員，我們與他們簽訂了契約並把責任交付給他們，他們有義務要好好為我們代言。他們必須要有勇氣不怕勞心勞力，而不只是想著盡可能撇清麻煩，雖然在一個不完美的世界裡，這確實是什麼事都不做的好方法。[12]在暴風雨來襲時，他們必須站在船橋上負責指揮，處理緊急狀況，密切觀察海平面最遠處的動靜。在金融危機期間，我曾經這樣形容：「銀行董事拿薪水、領紅利要做的工作是支撐前哨——而不是文書處理！」[13]他們有義務在簽署夥伴協議、條約和全國性或國際性的承諾時，抗拒懷疑和譏誚，擁有執行這些承諾的政治勇氣，以及尊重自己承諾的格調。

儘管這一切在金融危機中發生，我自己也見證了這一切，但是我仍然對國際協議、權力的象徵以及原則宣言的價值保有信念。它是我們處理現實問題的方法，雖然光是有它還不夠。如果我們能更嚴肅地對待條約，世界將變得更好。舉例來說，就一九七五年的赫爾辛基協議來說，蘇聯在布里茲涅夫時代的尾聲同意簽署了「關於參與國關係指導原則宣言」（包括人權和基本自由）時，有誰能想像它會打開一個缺口，為日後蘇聯的解體做出貢獻？當政府簽署一份文字，它所做出的承諾，有時會比它預期得還更長久。

基於同樣的理由，我們也不要忘了，代言人的簽名承諾也跟我們相關。不管我們是身為市民或是公共服務的使用者，都必須配合遵守。當一國元首簽署了像COP21或聯合國的永續發展倡議協議，當他們以其領導的國家名義承諾永續發展，這個簽名代表我們全體的承諾：

不論是公部門、企業、非政府組織（NGOs）或是公民。我們所有人都有責任認同這協議是屬於我們自己的。我們都有責任維持警覺，扮演監督這些行動的角色，以確認這些協議完全落實。我們必須記住，透過選票、投資和消費時的選擇以及在社群網絡時代發聲，我們都有權力對社會的重要人物下達指令。我們不能輕忽這個基本權利，它同時也是一個責任。

「我們」都是負責人

我們都搭上了橫掃世界的全球化運動浪潮——人人無可遁逃。不過全球化本身既不好也不壞：就像金融一樣，它本身沒有靈魂；它只是做它要做的事。換句話說，別屈服於它。我們都有權力掌控全球化。如果民主政治體系和環境的需求讓我們必須做出共同的承諾，那麼我們也必須認定我們可以做出個別的承諾，認識每個人各自具有的權利和責任，按各自的階級為這個世界做出行動。

「他們」指的就是我們！這是米榭．康德蘇教導我的另一課：為了人類更好的新黎明，我們都有責任——當然，有些人責任比其他人更大。在地球上的每一個人，不論生活在何處，都有共同的責任：不管是國家、城市、公司、機構的領導者，擁有選票、在公領域投資、繳納稅金的公民，在網路上運用言論自由的個人，繳納會員費的工會成員，付費購買的消費者，透過薪資單做慈善捐助的受僱職員，或是股東、存款戶、或拿錢購買股票或存入戶頭的年金支領者。貧窮且非民主體制國家的居民會有較少的行動自由，不過我在世界銀行任職期間讓我相信，所有人不分男女，即使是在地球最偏遠地區的人，都可以為改變自身環境做出許多事。當然，如果你擁有的越多，你的責任就越大。

如果想要共同創造美好歷史，我們所有人就必須運用每個人各自的力量。

重新啟動全球金融體系，讓它能為共善服務的時候到了

因此，我們該做的，是要了解在這個相互連結、問題越來越龐大也更全面的世界裡，我們無法再單打獨鬥。

全球共同體在二〇一五年為自己起草了宏大但也是必要的目標，但是唯有我們把所有國家內部與國家之間的智識和精力都團結在一起，它們才可能真正實現。我們需要公家、私營和社區的參與者共同合作。我們必須成功擺脫「自掃門前雪」（O-H-I-O strategy），改採行「共好」（C-A-lifornia strategy: Collective Action）的策略（或者也可以選擇用布雷默所說的「共

同住宅」理念）。

不過，我們必須了解到在個人主義式的世界裡，這正是最困難的事：相互的猜疑已根深蒂固難以消除（特別像是美國和法國，公家和私營的文化和心態仍有巨大裂痕——不過，在大多數號稱是「合眾國」（"united" nations）的國家裡，情況都是如此）。基於堅持自己的利益與立場的原則來進行反抗，這實在容易得多了！不過我相信這樣的運動是可能實現的；我在過去十五年來曾參與的各式高峰會、計畫、會議和工作小組，特別是在巴黎氣候變遷會議上，都見證到這種精神。

金融仍存在著整合的潛力——儘管過去十年它實在令人失望。一個糟糕的主人仍可能是好的僕人：雖然它曾經是問題的一部分，但現在它有可能提供部分的解答。這不僅僅是因為金融就和科技一樣，是個共通的語言和有創造力的工具，運用得當就可以讓財富流通、集結和創造價值，協助人們和各種機構一起合作運作。另一方面，如我們前面提到的，這也是因為我們身為公民、納稅人、消費者、投資者、股東、存戶、支領年金者、工會會員等等的角色，我們可以一起來制定人類的投資組合。由於資本自由的流通，我們每個人的行動都可以對地球帶來積極正面的影響。金融全球化從二〇〇七年開始導致了成長停滯，不過，它在未來同樣有可能讓世界重回正軌。

不過要重回正確的道路，我們必須抓緊今天有的機會來重新創造國際金融體系。也就是說，建構一個受控制的體系，監督控管不能太多也不能太少，國與國之間團結的界線要重新考量。這個體系並不是由華爾街或是倫敦金融城來為世界其他人做決定，而其他人——不管是先進國家或發展中國家、投資者或是監督管理者、中央銀行或是存戶——都沒有置喙餘地。在這個體系中，創新的想法彼此競爭，以找出供應全球資金需求的最佳答案。這個體系所依賴的是經過適當改革的現有機構，同時要知道如何將這些機構做最好的運用，並重新投入在二〇〇九金融危機最高峰時，國際社會所展現的精神。當時他們創立了G20集團，儘管隨後各國又重回各自關注自己國內議題的老路子，而讓它成了空口說白話的政治空談。

我們仍須修復因二〇〇七～二〇〇八年危機而損害的體系，而不光只是堵住它的缺口。我們並未完成需要的改革。夏蘭達說得很有道理：讓我們捲起袖子，現在就開始重建，所有的工具都在身邊觸手可及！這顆球會落在網子哪一邊，是由我們決定的。不過，就和提升網球技術一樣，我們得要改善金融體系，而這意味著我們需要回歸基礎。

第二部

重新設定金融，造福所有人類

第二部分要檢視金融的重新設定，聚焦於產品、市場、創新和行為。這裡將探討我們如何將金融當做所有人的工具。

這裡討論的新思維模式是看待金融做為一個工具的本質。我們都知道，手是用來控制工具的，而不是由工具來控制手。這個基本原則絕不該被忘記。瓶子裡的精靈已經被放了出來，所以現在我們的努力應該放在如何重新取回對它的控制權。這個控制權要牢牢掌握在我們的手中，唯有取得控制才有辦法達成我們的目標。這項任務需要重新去理解我們是如何掌控金融的，以及我們如何導引運用金融的力量。理解支撐金融的重要原則為何，是我們執行必要變革的關鍵。

第八章檢視錨定重啟金融及令它回歸基礎的一些重要原則。我要查看我們如何掌握這個強大的工具，以及我們達成目標所必須採取的路線，包括規範與改革。第九章要討論進行改變的過程中，需要再次確認的重大議題和原則。特別重要的是它包括了如何保障一個負責及倫理的文化，確保適當合宜的治理，並重新把焦點放在長期的目標之上。第十章著眼於目前已經在進行中的事，一場寧靜且剛剛萌芽、需要被鼓勵和呵護的金融革命。它已開始帶給未來一些希望。

第八章　重回基礎

二〇〇七～二〇〇八年的金融危機與隨之而來的全球嚴重經濟衰退，似乎讓金融成了全球許多民眾的公敵。原本應該為人們帶來財富的金融，卻讓他們陷入貧困、生活前景黯淡，似乎只有極少數的小部分人從其他人的苦痛中獲利。但是，詛咒金融其實等於放棄人類的一個重要工具：雖然金融肯定是一個糟糕的主人，但它也可能成為一個偉大的僕人。讓金融重新開機啟動也許能幫忙拯救世界。它儲存的巨大能量正等著被釋出，而它驚人的潛能可以再度為共同的善來服務。其中的訣竅在於再教育、以身作則、學習控制它的連鎖反應、導引它的力量、並善加運用。「只要你給我好的政治，我就給你好的金融，」十九世紀上半法國「七月王朝」的財政部長路易男爵（Baron Louis）曾如此說。只要我們朝著合理的目標前進，錢財自然會隨之而來。

重回基礎

在全球金融危機期間，我在國際性的銀行管理階層任職。二〇一二年，當我從法國農業信貸銀行離開加入興業銀行時，曾經對於自己專業領域的基本善，以及我們投注大半生鑽研的工具實用性，產生懷疑。我到興業銀行之後，發現到銀行內部因為「流氓交易員」柯維耶（Jérôme Kerviel）的判刑，及連續四年的嚴重危機，導致團隊的士氣低落、飽受壓力、左支右絀，最嚴重的危機則是二〇一一年下半年，銀行的股價因毫無根據的謠言遭到了投機性的攻擊。[1]

對於整體資金調動的擔心加上對日益惡化環境的憂慮，我找來了米榭．康德蘇來和大家談話。我和他共事超過十年，他總是扮演鼓舞士氣、啟發心智的角色。這場談話中我提出的問題是：「重新召喚金融的魅力是可能的嗎？」[2]康德蘇做出令人難忘的回答，內容充滿安慰和鼓勵，讓興業銀行全體上下得以堅持下去。簡單地說，我們必須回到金融的基礎。與其揚棄金融，我們該做的事應該是讓它回到最初的本質，重建它與世界的連結，重新回想人類創造出它的原因何在。金融業吸引了一些最聰明的優秀人才，現在該是動員他們的時候了！

金融：首先也最重要的，它只是個工具

前面我已經說過，金融不過是一個為人類服務的工具。透過儲蓄、投資、風險分攤以及以分析為基礎的預測，金融家得以與時間和空間結為盟友，來建構我們的未來。金融同時也是提供自由的強大工具。想想布瓦松納（Jean Boissonat）充滿洞見的話，這位不久前過世的法國最知名財經新聞工作者，同時也是我的導師曾說：「在一九三〇年代，政府發代用券給民眾購買麵包和其他基本物資。這是多麼羞辱的事！規定花費只能用在特定的目的，這非常不尊重人，也否定了人的自由意志——它完全是對個人主義的否定。」[3]

每次聽到人們對於窮人語帶優越地評判，總會讓我震驚——「要是給他們錢，他們只會把它喝酒喝掉。」那又如何！在這種情況下，問題並不是在喝酒；問題在於缺乏尊嚴。我始終相信金融自主、信貸取得、及儲蓄將決定個人的自由，它們讓個人得以懷抱偉大夢想，實踐理念。當我們思考該如何最佳地為更大的善運用金錢時，這些正是我們應該重新擁抱的核心原則。我們要採用的，不應該是菁英階級紆尊降貴的觀點，而是要確保所有人能握有權力。

金融：威力無以倫比的強大工具

金融包容性計畫在協助賦予人們權力上，扮演重要的角色。曾經在華爾街工作的荷蘭王后麥西瑪，本身是金融包容性的積極捍衛者，我曾經與她有多次合作的機會。儘管有些經濟學家對微型信貸的效率有所懷疑，但它提供了參與者掌管自己生活並重新加入全球市場的機會。每當我回想起自己在喜馬拉雅山腳下，在全印度最貧窮、人口最稠密的比哈爾邦與一位女性的對談，總讓我心情沸騰。在四十度的高溫下，我全身大汗地進到村落裡會見當地一群婦女，聽取她們關於世界銀行在她們社區所推動之鄉村方案的進展。這是世界銀行全球數百個類似計畫之一。其構想是在村落裡由世銀提供資金設立迷你銀行，來支持地方上的倡議。我坐在地上與一名婦人談了一個小時。她與我年紀相仿，但是外表似乎比我老了二十歲，這說明了我與她所經歷的不同人生軌跡。她專注凝視的神情（我辦公室裡還保留一張她的照片）和她的故事都深深吸引了我：

五年前的我一無所有；我丈夫從樹上跌下喪命（在印度，這讓我陷入極危險的處境，因為寡婦根本沒有身分地位）。我一個人帶著都未婚的八個孩子（這又是另一個大問題，因為我們這裡很重視嫁妝」。不過，感謝微型信貸，我買下了第一頭羊，接著是第二頭，再來是第三頭，如今我擁有十五頭羊。我還開了間縫紉店。這一切改變了我。現在，我有了身分。我有個名字，而我的孩子們也結婚了。

一個世界上最簡單的金融機制就可以改變女性的生活，讓她們得以自由；這就是市場賦權的力量。從幫助一名女性到潤滑國際體系運作的輪軸，同樣都是錢，即使這些錢的運用形式各不相同。

人見人愛的金融

金融是用來為經濟服務的一個寶貴工具。它也是凝聚的催化劑：它有一套共通的語言，是可以彈性調整的工具，讓人們不分男女地跨越邊界一同合作。它讓我們共享財富並協調彼此的努力。舉例來說，透過一個有限責任公司，我們可以結合小額資金成為較大數額的初始資金，以增加我們可以觸及的更多生命。在另一方面，金融需要信賴和合作：全憑自己一人是不可能成為金融家的，光是把錢全部藏起來也無法讓金融成為可能。

基於這些理由，金融如今可說是對槓桿操作和發展而言，日趨重要的來源。當人類社會對實體的或社會的基礎設施有需求時——特別是醫療或教育的基礎設施——同時也會有金融基礎設施的需要，不管是銀行體系或是金融市場。金融的證券化在用來包裝次級房貸的過程中喪失了信譽，不過它可以讓發行者與投資者分攤並分散他們的風險。它仍舊是有效輸送金融資源到實際經濟的有用工具。

國內儲蓄的調動則是另一個強有力的槓桿來源：畢竟西方國家的經濟體在十九世紀就曾運用這個工具，在美國、英國、法國與德國開展鋼鐵工業和鐵路業。而中國的儲蓄——相當大程度上是強制性的——就和過去日本的儲蓄一樣，也被用來裝備與發展國家。

國際貨幣基金與世界銀行，這兩個在一九四四年布列敦森林協議中創立的大型公共機構，特別被委任負責支持中期和長期的發展。而這需要審慎而清晰的領導階層；在當時，是由美國和英國所主導。比以往更加重要的是，在二〇一五年永續發展目標（SDGs）猶待落實的同時，這些機構對於維持金融穩定，尋找需要的資金使清潔能源轉型、打造基礎設施以及提供所有人衛生保健、教育、能源和科技的獲取管道，都扮演著吃重的角色。我在造訪遙遠的蒙古草原上一位牧羊人的蒙古包時，驚訝地看到他那傳統的帳篷裡配備了現代最新科技。我在那裡參與了世界銀行有關離網式太陽能板的供電計畫。[4]受邀進入他的家中時，主人穿著兩百年前的傳統服飾，在時間彷彿凍結的房間裡招待我犛牛奶茶（本地特產），房內擺放著傳統的佛床和神龕，另外也有平板電視和能連 Wi-Fi 的行動電話。更讓人驚訝的是，由於他手機的無線聯結功能，這位牧羊人有農業保險可以做為他牲口的風險管理，這些牲畜在不同季節裡時刻面對極端溫度變化等因素的威脅。讓這一切實現的，就是靠著幾片太陽能板！

「魔鬼拉的屎，但可以做很好的堆肥」

就其本源，金融就像聖女大德蘭（Saint Teresa de Ávila）對金錢的說法：「魔鬼拉的屎，但它可以做成很好的堆肥。」在發生金融危機之前幾年，金融工具在心存不良或冷漠不關心的金融行為者手中嚴重地敗壞。金融在不受控制的情況下，成了盲目而無法控制的力量。不過若就此將它拋棄實在太過可惜——這個世界將因此失去許多！相反地，我們應該取回駕馭這個長期吸引許多最聰明頭腦之工具的韁繩，並重新動員力量來追求共同的善。我們應持續鼓勵創新，只要創新的結果能為人類帶來長久的利益。我們必須牢記，這個金融、這些金錢，是我們的而不是他們的；重新主張對它的控制權，並以清楚的訊號驅動它的用途，是我們集體的共同責任。

金融發展，不只是成長

要重新主張我們的掌控權，我們必須更加努力學習分辨成長與發展的分別。我經常引用一九八七年的普世教會會議宣言（the declaration of the Ecumenical Council of Churches）：「以成長本身為目的，是癌細胞的策略。它未受控制的擴增，毫無限制也無視支持它的體系而導致體系的惡化與死亡。另一方面，發展則是胚胎的策略：在適當的地方、適當的時間中放下需要的東西，同時用心去尊重這些東西彼此間的關係。」

這是多麼強的比喻！從最基本的角度來看，成長會導致國民生產毛額的增加。這並不特別複雜：你所需要做的就是加速它的成長並放手讓它自由發展。只要如此，我們就可以創造非比尋常的國民生產毛額！成長只是機械化地增加財富，不論增加的是何種財富，也不問增生的手段會造成什麼傷害。在另一方面，發展（意思是和諧的、深思熟慮的、受節制的成長）有更高度的維修保養功能、也更細密複雜，它也是全球化唯一可行的路徑。我們不容許全球化被癌症增生式的金融所接管，它不論好壞、縱容一切。這個邏輯也同樣適用於數位科技。我們迫切需要把人重新置於核心，確保我們所發明的工具僅用於造福人類。我們必須重回到發展、而非成長的道路，而且這不僅只適用於最貧窮的國家。所有國家，包括富裕國家在內，都面臨這個挑戰。這是二〇一五年永續發展目標（SDGs）的宏大目標。

如此一來，重新燃起對金融的熱愛，其實不過是重新給予它某些意義：這個意義過去失落了或者被忽視了幾個世代。我們必須賦予它一個意義和一顆心；這是重建信賴的核心所在。這個訊息，是我在興業銀行最後一次提報二〇一二年銀行年度報告時，被要求灌輸給大家的觀念。我以三階段發展了這個意象：（一）「核心——一級資本比率良好」，（二）「集團商標為紅黑兩色的心型」，還有（三）「關懷——一級資本比率更好！」[5]金融並非只關乎比率，它也關乎關懷——它是關於心（法文 *coeur*）的問題。

避開譏嘲懷疑的誘惑

要處理這個關於心的問題，我們必須去除過去曾經對金融委託人以及金融專業的譏嘲懷疑。毫無疑問，如果我們想要重新召喚金融的魅力，我們就不能讓曾利用和濫用這個工具的行為者繼續玩弄體系、規避責任，放任危機發生。由於一些不可能實現的改革空想，我們很可能誤認為全球金融力量太過巨大而我們無能為力，只能接納這個系統。我們都知道這樣的邏輯會帶領我們向何處。

不過根除舊習可不是容易的事！譏嘲懷疑根深蒂固。舉例來說，我們可以回想倫敦同業拆放利率（LIBOR）的操縱，或是英國外匯市場的操縱，它們在金融危機開始許久之後仍在持續。在二〇一〇年金融規範建立之後，大型美國銀行老闆們口中直接表達出來的想法也可以印證這一點。當美國國會在春天開始審議多德－法蘭克法案（Dodd-Frank Act）時，其中一位銀行老闆跟我說：「我們給了華府的說客們什麼指示？很簡單：立法是必要的，這是我們為自己所做的事要付出的代價，不過，別把它弄得太痛苦。」他背後的意思是說，他們會把自己的雙手先洗乾淨，然後再繼續回來做同樣的骯髒事。

二〇一〇年九月我在布魯塞爾舉行的歐洲金融智庫 Eurofi 會議（它以「銀行家的沙龍」聞名）上聽到了類似的訊息。我與幾位國際金融重要人士匆匆吃了一頓午餐，我問其中一位人士：「多德－法蘭克法案是否會讓你重新評估你的銀行模式？」

「噢，你知道的，這個法律框架就有點像聖經，在浩浩兩千多頁經文裡面你只需要學會怎麼去詮釋就好，」他回答說。「當然，兩者間唯一的差別是聖經的作者們已經死光了！」

「不過，你總得放棄一你目前的一些做法吧？」我的一位法國同事質問。

「你也知道市場的情況，」他說：「它並才不像消防隊，讓你待在裡頭等著警報響起，穿上靴子戴上頭盔去救火，然後再回到隊裡。市場就像是機場裡的電動步道：二十四小時全天候移動。我從早上五點鐘起床時就站上這個步道。當客戶在五點〇五分到達，我幫忙他搭上步道；他離開時，我仍留在步道上繼續追蹤市場以便提供他幫助。你懂我的意思嗎？」

我當時很震驚，我現在還是震驚。當時我試著表達我的觀點，此後我也一再嘗試著。

這個故事很真實的反映了這個時代的精神，我們緊抱著市場無法受控制的想法，認定沒有法律可以將它改變。這樣的心態思維讓許多人驚駭，也讓相當大比例的民眾對整個體系失去信賴，並且引發關於本質存在的問題。

全盤監管的誘惑

另一個極端是將金融體系的改革，完全依託在監管之上，這並不會比較有幫助。當然，讓金融回到監管人員和立法人員的手中，對重新掌控這個隨意奔馳的盲目力量不只有其必要、甚至是不可或缺的。取得掌控意味著定義規則與制裁方式，設置偵查、守護和仲裁者，制定更具延續性的目標，而不是執著於賺取不斷累積的財富。不久之前，金融體系仍鼓勵集體的貪婪——還記得「貪婪是美德」這句口號嗎？這是奧利佛·史東的一九八七年電影《華爾街》裡，麥克·道格拉斯這個角色的名言。承銷商、銀行員、保險員、存款者、到少數大企業經營者在道德可議的行為，都是以貪婪為出發點。現在該是改變調整的時候了。

監管的責任大致上都是落在國家政府、中央銀行以及G20集團的國際合作的頭上。以美國為例，如今面臨威脅的多德－法蘭克法案，是在二〇一〇年由國會通過而採行的。根據這個法案，美國創立了金融穩定監督委員會（Financial Stability Oversight Council，簡稱FSOC）並賦予聯準會監看全球風險的任務。這些機制讓美國可以影響甚至領導各國，並且能採用與各國目標相符的最高級且最有效率的監管形式。除了監管衍生性金融商品市場以減少風險累積以及房地產貸款借款人償債能力責任之外，這個法律的其中一個重點是針對商業銀行的規定，規範它們本身資金持有對沖基金或資本投資基金的比例不得超過3％。另一個重大的改變，是在原則上不得再要求納稅人為陷入麻煩的金融企業紓困。不論如何，這些都是多德－法蘭克法案明列的目標。

在這新環境下，二〇〇九年四月在倫敦G20會議創立的金融穩定委員會（Financial Stability Board，簡稱FSB）意義重大。這個委員會的成員來自G20的中央銀行總裁與會員國的財政首長，以及國際貨幣基金、世界銀行和經濟合作暨發展組織等特定國際組織，如今他們構成了主導全球金融穩定的主體。委員會的任務包括找出體系中的弱點，並與國際標準的制定者合作，定義管理它們的標準（或是協調它們在全球的發展）。舉例而言，金融穩定委員會（FSB）列出一份體系中重要的國際銀行清單，所謂「大到不能倒」的銀行，它們的崩潰可能導致全球金融的徹底崩塌。與其他銀行相比，這類的銀行有額外的資本要求。金融穩定委員會（FSB）同時監看衍生商品市場的組織，有系統地鼓勵使用官方的票據交易所。[6]它同時也推動關於市場運營者給付酬勞的原則，以及認證扮演金融交易對應角色的機構。

為了保護我們避免受到新的系統性威脅，國際清算銀行的巴塞爾委員會（Basel Committee of the Bank for International Settlements）在二〇一〇年九月採行了銀行償債能力的新比例（稱之為巴塞爾資本協定三，Basel III），提高了銀行最低資本比例的要求。[7]在二〇一五年年底設立的損失吸收機制（在全球水平的總損失吸收能力〔TLAC〕[8]）已經完成了這個預防體系。目前為止最新的監管措施則是二〇一六年五月由G7集團財政部長與中央銀行總裁共同採行，為強化全球對抗金融恐怖主義的行動計畫。工作仍在持續進行中。

這些國際監管措施仍存在一些漏洞。銀行主權債務的曝險部分（目前為止仍被視為無風險，而因此豁免於銀行資產中企業債與家庭債組成比例限制）目前仍未立法規範，同時在歐盟財務長之間仍有分歧的看法。關於所謂的「巴塞爾資本協定四」的討論，特別是關於經監管人員認可後組織內部模式的採用，相對於原本一體適用的標準，目前正在進行中。

市場型金融，即「影子銀行」的興起

影子銀行是所謂的平行銀行體系，如今以市場型金融之名為人所知，它包含了以非銀行資金參與經濟活動的行為者及活動。這個體系本身並不壞，不過它並沒有受到和銀行體系一樣的關注。話雖如此，我們不應該把它想像成像西部大荒野那樣空曠來去自如：年金基金、對沖基金、壽險保險者、股市經理人和其他類似行業都受到規範，有時還非常嚴格。不過，我們應好好把這個系統的監督和規範，納入我們為全球經濟籌措資金的方法之中。

目前發展的全球處理方式已經促成全球標準的提升。所有最大經濟體的共同參與尤為關鍵。但是國族主義在世界各地的興起，讓這樣的多邊處理方式面臨危機。這類的論壇很容易讓人覺得效率不高就轉身退席。但是如此一來，這個空缺可能被其他形式所填補，這可能因此導致預想之外的後果，而在未來更加難以改變。金融事務已經變成全球性的議題；國族主義式的處理方式將無可避免的失靈並導致嚴重的失衡。即使國族主義式的處理方式看似具誘惑力，在說詞論述上也比較簡單，但是即使單就國內層面來說，它也無法重新掌控金融。

我們應當考慮到影子銀行體系裡已經發生的一些改變：在規模上的改變，這個產業所管理的資產已接近一兆美元；在歐美以外地區的快速成長，例如中國；為經濟體供應資金的所有產業，包括銀行型與非銀行型產業之間聯結的擴展。在這個體系零碎的監管規範貢獻之外，還有關於為經濟供應資金方式的問題。債務應該有多少？資金有多少？有多少是要給銀行？有多少要給市場？獲利程度多少？轉型程度有多少？[9]顯然每個國家的答案都不一樣，但是它們都無法被長期忽視或是個別處理。我們必須採取全面性的處理方式，以激發為經濟供應資金之條件的充分討論：包括國家層級、區域夥伴或同盟層級以及某些情況下，全球的層級。為基礎設施供應資金的問題最為經典：全世界都認知到公路、港口、機場、電廠等等的巨大需求，同時也呼籲私營部門更多的參與，但是在此同時，卻沒有人動員資源來設法解決阻礙我們更多投入年金基金或是保險業的規範查核，並將銀行部門推得更遠。處理規範的方式應該結合負面的（不要這樣做！）與正面的（要這麼做！），指示性的（你應該這麼做！）以及獎勵性的（為你自己的利益要做這個！）。

當心非預期的後果

不過，一些規範顯然已經產生出乎意料的影響，也就是所謂的非預期後果。通匯銀行（correspondent banking）的案例對我而言大有啟發，這在二〇一五年我與馬克・卡尼合寫的一篇文章中有提及。[10]在二〇〇七～二〇〇八年危機之前，幾家大型國際銀行（諸如德意志銀行、摩根大通銀行、法國巴黎銀行）扮演進入國際金融體系的入口，並提供他們的基礎設施供許多國家的金融機構使用。這些所謂的通匯銀行得以讓地區銀行的客戶們取得較遙遠金融機構的服務，例如外幣兌換或是匯款到國外的帳戶。透過這些中介機構進行資金流動，國內市場也因此得與世界連結。隨著危機發生與體系的監管規範，許多銀行，特別是美國的銀行，因為未遵守禁運或反洗錢法律而遭到罰款。[11]面對大筆金錢的損失，一些機構決定暫停它們在利比亞、墨西哥、沙烏地阿拉伯、或索馬利亞的通匯銀行業務，因為經評估之後認為與這些地區業務往來的風險過高——或者認為不值得冒這樣的風險。如此一來，我們可能已經將一些新興國家或發展中國家孤立於國際金融體系之外。[12]

監管人員不該忽略這類的後果。因為這等於是忽視了G20進行金融改革的目的，特別是關於支持真正能為全球經濟服務的一個更開放、更有彈性的全球金融產業。它同時也會助長非法資金透過非正式管道的流通。我們必須了解這個問題的嚴重程度和它的成因，查明事實、再次倚重世界銀行集團與其他發展參與者的經驗。接下來我們應該將國際模式的應用標準化，為它們設立解釋機構（特別是針對跨銀行夥伴關係），並釐清為達成這個目的，對科技的期待與使用（特別是關於區塊鏈[13]）。

在另一個領域，關於金融證券化的規範處理，如今已有嚴格的要求。它也應該重新進行評估，否則容易令投資者卻步。歐盟已經開始著手研究這方面的議題。

如果我們希望用「淨化」（purified）的基礎重新啟動金融，我們必須在必要的規範設置以及必要資金流通的流動性之間取得正確的平衡。簡單地說，我們必須為金融體系找到適當的喘息空間：以適當程度的詳細定義各個角色；規範者與受規範者之間適當程度的合作以及適當程度的責任分攤。最重要的是，我們必須將體系視為一個整體，而不是零碎的片段。我們必須開始思考如何讓一切的運作更加簡單流暢。透過這種努力，我們將能有真正健全的警告機制。如果我們能維持正確的平衡，重回管制較寬鬆的環境或許有其道理。我們不能夠因金融危機所發生的事，簡簡單單地把金融關在判罰室（penalty box）裡，就只是為了避免在「後監管」的世界裡重新釋放金融的威力。如此一來，我們在監督和制衡上將犯下過猶不及的毛病。如果我們這麼做，將會製造未來的不確定性，重蹈過去的錯誤。而且這一回的影響，可能會更為深遠。我們應該可以預期，這次的改革，將以重新在各個層級建立問責的文化為開始。

第九章　遊戲的新名字

在重新啟動金融的過程中，自然會期待規範能像處方籤一樣提供指示給我們。人們有時也難免會想透過監管來解決一切問題。但是，我們若因此解除金融參與者的責任，將是件遺憾的事。認為金融業者不用負責的這種想法，特別是銀行接受政府紓困的期間，絕對是造成我們對這個體系喪失信賴的重大因素。我們要面對的挑戰，是如何重新針對獎勵措施和後果做最好的調配。

重建責任文化

銀行業的薪資所得，是一個經典問題。我記得曾在二〇〇八年與幾個頗具聲望的顧問們，就銀行薪資議題進行辯論。我認為金融家的問題主要並不在於薪資總額，而在於他們的薪資組成方式，特別是他們習於把紅利與短期可衡量的績效聯結在一起。這等於邀人犯罪！顧問們當著我的面大笑，說我太過天真了，說這不可能有辦法改變。我嚴肅地回答說，如果我們不能給自己設定一個明確的限制，那麼立法者最終必定會介入——而這正是我們的現況。銀行家如今可能是唯一一個由歐盟主管單位決定薪資的職業！美國民眾則因為華爾街的決策者似乎不須擔負罪責而大感憤怒，因此這也成了美國大選中的選戰議題：解決此一問題的步驟正悄然展開。我們會走到這一步，正是因為金融專家們未能發現問題進而自我監管規範，這實在是令人遺憾。如今環境氛圍已然改變，情況會如何發展是值得觀察的事。

這種責任感是一項必須關注的基本文化問題。雖然監管的改革無疑有其必要性，但光是改革還不足夠，因為它們所能做的只不過是制訂程序的規範，僅僅對行為帶來表面上的改變。要重新激發對金融的熱情，需要對所有遊戲的參與者重建一個問責和負責的文化。

走向二〇〇七年災難之前的大穩定時代，透過再細分、重新分配以及風險投保來保證體系的可行性，它也因此發展出一套決策遠遠脫離了問責的安逸文化，因為風險已被以越來越離譜的方式重新分配。沒有人需要為參與這個自行運轉之全球化機器的任何事擔負任何責任。我們如果要回到金融的最基本面，就意味著要重新喚回亨利．福特和其他人所認知的資本主義的精神：資本主義的存在和成長必然依賴於恪遵倫理。G7集團的財政部長和央行總裁們在二〇一五年五月的德勒斯登會議中也抱持同樣的想法：他們思考，要如何為銀行專業制定規範，並制定一套自願性的承諾？這套規範的倫理指引原則要如何深植於自覺性的認知，認定金融本身不是目的，而是為實際經濟和社會服務的手段，一個促進全體投資、成長和繁榮的管道？

大學校園裡也必須聆聽這樣的呼籲。倫理學應該成為必修課程，以最實用的方式來教授給學生。商業案例在幾十年前就開始成為教學的常態，如今倫理案例也應該成為所有課程的參考資料。

不再忽視倫理斷層

關於金融倫理的問題，我們應該可以從聆聽各個宗教的智慧之言中獲益。透過參與「法國社會週」——一個著重基督教社會思想，有百年歷史的協會——長期以來我一直支持天主教對於共善、草根式的社會參與以及「愛貧優先」（preferential option for the poor）的社會信念。[1]我同時也參加了在梵蒂岡的一些研討會，特別是「宗座正義與和平委員會」（Pontifical Council for Justice and Peace）。這委員會在二〇一四年七月籌辦，由迦納阿卡拉的樞機主教圖克森（Cardinal Turkson）所主持的經濟與共善國際研討會。我們討論了共享成長並使其具全面包容性、創造社會與區域的凝聚力、使獲得金融服務的人數極大化等議題。宗教對這些主題提供給我們一些寶貴的訊息。在研討會其中的一天，方濟各教宗加入我們的午餐會，警告我們關於這個時代明顯的「人類化約論」（anthropological reductionism），並譴責由「浪費的文化」（culture of waste）所主導的經濟體系。[2]對這一天齊聚在一堂的領袖們而言，這項呼籲，以及教宗二〇一三年在義大利的蘭佩杜薩島對於共同對抗「冷漠的全球化」（globalization of indifference）的鼓勵，既是救命的警鐘也是行動的提振劑。在二〇一七年的另一場會議中，方濟各教宗說：

那些導致或容許他人被棄置不顧的人——不論是對難民、受虐待或奴役的兒童、或是在酷寒街頭死亡的窮人，那些人把自己變成了無靈魂的機器。那些人等於間接地接受了同樣的原則，接受自己在一個以錢財貪慾之神「瑪門」（Mammon）為關注中心的社會裡，當自己無法再證明自己有用時，早晚也會遭到遺棄的命運……。我們要學習悲憫……。悲憫之心能讓那些在金融和政治領域負責任的人們運用他們的智慧和資源，不僅是掌控和監看全球化的效應，同時……在有必要時，隨時矯正它的價值取向。[3]

讓金融人人可理解

要進入這個問責的文化，讓人大家了解這個體系的重新創造，我們應納入教育的需求。金融往往躲藏在工具的複雜性背後，但是它的基本機制其實很簡單，只要你願意花時間來解釋。金融長久以來一直意圖讓人難以理解討論，有時是出於自鳴得意的想法，有時則是心懷不軌甚至欺騙。對於無論如何都會把錢投入其中的人們來說，金融過去對他們的態度似乎太過輕蔑。所有金融參與者如今應該努力系統性地跟人們解釋，他們到底在做些什麼。取得金融管道是個人自由的決定性因素，而這種自由只需要最低程度的認識就可以運作。全世界的每一位公民都應該能了解儲蓄、借貸和投資的意義，以及這些活動對經濟的貢獻。若不能做到這一點，我們將永遠無法重建社會共同體對金融的信賴。多德－法蘭克法案在這方面邁出了值得注意的一步，它建立了金融教育與消費者保護的政府部門，負責告知公眾並為群眾提供他們金融產品的分析。歐盟則努力在自身的網站提供線上教育工具「消費者教室」（the Consumer Classroom）[4]，提升消費者對金融事務和信貸的意識。這些努力自然會牽涉到要回答一些技術性問題，包括一些最少被人理解的，像是會計這方面的問題。不過，無論如何，他們必須先跨出這第一步，而我也期待教育當局能把更多的面向納入課程之中。

我們也必須開始質問金融事務被呈現的方式。目前的會計系統是依據所謂的「按市值計價」（mark-to-market）方法，這實際上是一種清算價值（liquidation value）的處理方式，它雖然有一致性，但是對經濟的理解會產生顯著的影響：當你系統性地以市場價值或重置價值來記帳，會影響到整體的思考方式。為避免這種偏誤，我們應該鼓勵整合式的報告，將一家公司的整體策略化成幾頁容易理解的文字，而不要出版成五百多頁年度報告。能夠用簡單明白的文字說明一家公司有哪些目標、其進展如何，要比用混沌難懂的方式堆疊大量頁數更加重要也更有必要。

所有金融專業人士，所有企業和全球機構領導人，都必須對這個工作盡一份心力，並讓自己的努力符合期待，而不是製造更多的複雜性。民主體制的一個基本責任是讓大眾可以溝通接觸，讓公民和僱員能理解政府或公司更大的整體目標，提出改革的策略，並協助人類理解世界的複雜性，而又不至於過度簡化。

打造平衡的「治理的三角關係」

我們不可能一揮魔杖，就重新召回金融的魅力。我們有很多工作需要做。很自然地我們要從監管規範的改變開始，改革整合銀行產業與銀行之外的整個金融領域。而且光是這個必要的轉型本身還不夠：我們也必須要為其中的參與者重新制定行為的框架，而不是過度依賴於他們會自動改變、突然「受到啟發」就為所應為的理想情境。

我們要做的改變應該還包括，在質疑日增的情況下，透過學識更豐富、更誠實思考的領導者來改變大家的做法或推動必要的改變——最近曾經發言支持更好的金融問責制度的人，包括了知名的人士如英國央行總裁兼G20金融穩定委員會主席馬克．卡尼、貝萊德（BlackRock）執行長勞倫斯．芬克（Larry Fink）、「大社會資本」（Big Society Capital）計畫創辦人羅納．柯恩。除了這些指引的聲音之外，有高要求標準的投資人和消費者也會施加壓力。金融同樣受到與反饋相關的會計參數變化，以及對碳價這類經濟外部效應的關注所影響。雖然機構投資者（其中是少數具有影響力的行為者）的權力興起可能被視為是一種風險，但它也代表著用更多的心來重建金融業的機會。國際組織，尤其是開發銀行，將有重要的責任來推動、評估、測試創新與變革。

三股力量的結合——監管機制、金融行為者（包括其中最大的行為者）的角色以及國際組織的承諾——將是極具威力，可能成為支撐改革的重要關鍵。改革同時也要借助社會壓力，以及某些多國企業如聯合利華（Unilever）、瑪氏（Mars）以及達能（Danone）這類公司的先驅角色。就某方面而言，我們的水研究小組在《水》（*Eau*）一書中已描述了這種「治理三角關係」，在其中「公務當局、民間利益（工業、農業、商業）、與消費者和使用者構成的公民社會並肩作戰。」[5]這三種力量有三個主要的不同區別：

公務當局（它既未被壓抑、也未被取代，而是被納入這個治理體系中）發出立法與規範的訊息，給按理應當相應配合的公民社會……。透過使用者的「最佳實踐」，治理創造這些規範之間的平衡……

第二個平衡點是建立在私營、工業和商業利益與公共權力之間。後者承認市場的法則：資訊透明、競爭、供需之間價格和數量的平衡等等……。自由經濟體的規則則由公權力對民間企業的監管（而非規定）來調和……。

第三個平衡點，在公民社會與私營利益之間、企業與其客戶之間，影響的是提供服務（包括價格）的品質和社會所表現的需求本質。客戶可以是使用者或者是公眾；公司可以是政府機關或公共服務部門；用詞用法並不會改變議題本質。永遠存在著一個生產方以及一個消費方……。這個最終的平衡是經濟面順服於個人面的問題。

這個治理的三角中的每一個頂點，都試圖掌控對立點平衡的適當運作。[6]

如果我們要重新召喚出金融的魅力，並重新掌控這無以倫比但難以馴服的工具，我們就必須持續努力在這些點之間取得平衡。

招喚「視界悲劇」

另一個應當導引我們重新啟動金融體系的至高命令，是終結短視的獨裁專制，以便為我們的行動和決策的長期性做更好的考量。

在二〇〇七～二〇〇八年的金融危機期間及隨後幾年，身為「知情人士」讓我在這個觀點上有所啟發。負責主管全世界最大兩家銀行的金融部門，讓我必須在兩個不同深度的視野之間遊走：思考著當下的時刻讓銀行不至於撞上冰山，同時思考判斷著未來幾年要如何重建才能生存得更長久。換句話說，「我必須同時是緊急事故的回應者和偵查的斥候，構想出在適當時間裡該被運用的公式。」[7]這兩個不同的時間框架彼此相互傾軋碰撞。

金融參與者，以及更廣泛的政治人物和技術官僚們，他們的任務就是要考量這些不同的時間框架。馬克・卡尼為倫敦的駿懋銀行（Lloyd's）保險員教授了這一課。在「打破視界悲劇」（Breaking the Tragedy of the Horizon）的演說中，他提到了這個包括氣候變遷在內的「共有財悲劇」（tradegy of the commons）中的經濟現象。他展示了氣候問題（十五到二十年後）與交易（一分鐘之後）、銀行業的議題（下一季或是下一年度）以及中央銀行總裁們處理的議題（三到五年之後）彼此之間的距離多麼地遙遠。簡單來說，在現今狀況下，沒有任何一個金融參與者有任何獎勵動機讓他們思考氣候問題。如馬克・卡尼說：

我們不需大批的精算師來告訴我們。氣候變遷的災難性影響，超越大部分行為者的傳統視野——它讓未來世代必須付出代價，這個代價在我們這個世代毫無改變的誘因。這意味著它超越在企業循環週期、政治循環週期以及技術官僚的公務單位視界之外，例如中央銀行，它們被任務命令所約束。貨幣政策的視界，大約可延長到二至三年。金融穩定政策的視界則稍微長一些，但是通常也只到信貸循環週期的外圍邊際——大約十年左右。換句話說，一旦氣候變遷成為金融穩定的決定性因素，可能代表它為時已晚。[8]

對這個視界悲劇施展魔法是金融家們的責任，他們必須以簡單易懂的方式，讓所有參與各方都能夠理解，讓我們「投資時有更多先見之明，事後的懊悔越少」。

脫離短視眼光的獨裁專制

勞倫斯．芬克在二〇一六年四月為我們上了另一課。在貝萊德這家領導全球的資產管理公司擔任執行長的芬克，在一封致全美國與歐洲最大型企業主管的一封信裡，敦促企業擺脫「季獲利式歇斯底里的文化」，脫離投資人即刻的要求，給予他們新的策略視野。儘管他一再呼籲執行長們懷抱長期的眼光，「許多公司仍繼續其損害未來投資能力的做法」。芬克警告，將紅利重新分配給股東的系統性做法，將以「折損其長期價值為代價」。它明顯威脅到這些公司未來的存活，因為「從長期看來，環境議題、社會議題和治理議題（environmental, social and governance issues，並稱 ESG）——從氣候變遷、到多元化、到董事會效率——將帶來真實且可量化的金融影響。」[9]

好消息是這封信顯然受到收信人熱烈歡迎。當你手上管理著五兆美元，你在市場的作為自然有不容忽視的影響力！

這些對行動所做的各種呼籲，目標並不是要消滅金融、而是要改革金融。我們想要用它來做它能做得到的事：拓展我們的視界而不只是接受命運。我們這個時代最受尊敬的歷史學家尚．法維爾（Jean Favier）為我們上了一課：

人做的任何事都是未來：高漲起伏的命運、眼見與猜想，受地束縛與我們的夢想。視界展現了我們每個人的需求及能力的水平與限制。有我們接受的視界，也有不斷倒退的視界。一個荒蕪不育，另一個存在。另一個只存於理念，它充滿生機。兩者之間有精神和實例的相對性。圍繞著這個相對性，它們定義了人與物、資源與夥伴。智識知道如何擴展這個圈圈。它需要開創的意志，或稱之為勇氣或進取的精神。它也需要擁有現實、即時的知識來創造可能性，了解與渴望之間的距離。如此一來，視界在需求與雄心的局限之間自我開創。[10]

他談的是發生在「大發現時代」的奇蹟：歐洲人不再接受已知世界的限制，以非比尋常的方式擴展他們的視界。一切都是從葡萄牙的航行者恩里克王子（Henry the Navigator）開始，有一天他決定付錢叫他的水手們航行至伯哈多爾角（Cape Bojador），也就是當時歐洲人所知的、在當時仍被認為有海怪出沒無法渡航的非洲最南方之處。第一支遠征隊折返回來，第二支又復如此，但是第三支隊伍成功通過，表示並無可怕之物。[11]就某個方面來說，它也是靠金錢的動力讓這些探險家們克服恐懼向前航進！

如我前面曾說，金融只要善加運用，它就會是管理我們長期未來和未知領域的最佳工具。可以想像一下，如果我們能夠以這樣的視野，動員所有智識和經歷，我們可以完成什麼樣的事！這需要心態的轉變，並用不同的思維方式來思考金融，以及如何讓所有人更明智地改變行為。好消息是這個動員已經開始，形成一場寧靜的革命。

第十章　寧靜革命進行中

重新啟動金融，意味著運用這個工具的所有靈活性和開創性，重新為共同的善發揮作用。這意味著要明智地運用它，重新制定方針，讓它回到正確的道路，給予它正確的信號。我們不應忽視或消除市場的力量、投資者的影響以及對獲利的渴望。相反地，這些力量需要導引到更好的方向（而不是變壞）。此外，我們也不能否定金融的巨大能量——我們必須駕馭它，借用它的律則和運用它的主角們（以不同的新方式導引並激勵他們）來管理投資具有未來性的可行方案。近年來，朝向這個目標的眾多理念、創新思維和倡議陸續浮現，展現出金融的巨大用處，它可能比我們想像中的更有用。對於這些議題，我們應該更廣泛、讓非專業人士也易於理解的討論。透過清楚明白的術語，說明金融的發展如何處理全世界最迫切的需要，如此我們將可以協助重建金融。我們也應該發起一些規模宏大的倡議——以身為投資者、儲戶、客戶和領取退休年金者所能管理的規模。如此一來，我們在二〇一五年所設定的目標完全可望達成。或許最少被人理解的一個要素就是，我們這個世代正處在轉折點上，只要我們稍做調整，把金融當成我們的僕人，就可以推動全面性徹底改變。

市場的寧靜革命

社會與團結經濟（social and solidarity economy）如今處於混亂之中。有眾多的論壇、實驗室和新探討方式都圍繞著明智且合乎倫理的金融理念，這些金融理念具社會責任感，有能力擺脫每季季報的專斷壓力，以長程思考重建人類的可永續計畫。像是互惠經濟（economics of mutuality）（布魯諾・羅許（Bruno Roche）和傑伊・雅各布（Jay Jakub）所提倡[1]），循環經濟（circular economy）、影響力投資（impact investment）、綠色債券（green bond）以及共享價值（shared value）這類的概念，如今已經不會再引發人們的嗤笑或是白眼：它們所代表的金融創新邏輯，已經引發專家們以及政府部門和投資者真正的興趣。許多這類概念已經在世界各地開始被認真地研究來推動帶有情感的資本主義。新的金融體系必須不帶天真地將它納入新的金融商品和隨後的金融市場。

巴黎高等商業研究學院的「金融為善」（Finance 4 Good）、史丹佛大學商學院的「影響力募資實驗室」（Impact Funding Lab）與「責任企業實驗室」（Responsible Business Lab）

以及牛津大學的「影響力投資計畫」（Impact Investment Programme）都是全球最頂尖學院定位自身，引領運動的幾個例子。蒙特婁高等商業研究學院（HEC Montreal）為了思考互惠經濟而創設的國際合作金融研究中心（International Research Centre on Cooperative Finance）也是其中的例子。該中心的主任林姆·阿亞迪（Rym Ayadi）解釋：「同質性的金融體系競賽……顯然和這個體系的本質有所衝突，系統的本質在許多方面都是分歧而多樣的。多樣性起因於有多於一個的金融組織形式並存的情況，像是股東（shareholder）價值相對於利害關係人（stakeholder）價值的金融機構。每一個都有自己貢獻整體經濟與社會的方式，也都有各自的激勵系統和觀點。」[2]

運用哈佛大學管理學教授兼策略與競爭研究院院長麥克·波特（Michael Porter）所提出的共享價值概念，一些饒富興味的倡議也正在進行中。這個概念遠比企業社會責任（corporate social responsibility）的觀念還更具吸引力。企業社會責任過去或多或少是由企業以自願形式採用，而且在許多情況下也引來了投機的批評。相較之下，波特認為公司可以更進一步，「以同時為社會創造價值的方式來創造經濟價值」。[3]不光是保護環境不受企業衝擊，及抵禦相關的負外部性，公司還可以重塑其營運方向並且將社會的需求和期待納入公司策略的考量，並透過產品和服務的更新來符合社會需求，增加它本身價值鏈的生產力（例如透過原物料市場），共同促成建立樞紐（hubs）。像是美國加州的矽谷、或是法國現有一些具競爭力的群聚。

今日，共享價值倡議已經運用在許多產業類別的眾多公司之上，從製藥業到銀行業到食品生產。特別是銀行業對這個概念的應用引發了仿效[4]：一些大型銀行如巴克萊銀行、荷蘭國際集團、摩根大通銀行、法國農業信貸銀行、興業銀行都理解到他們的客戶，包括最大的機構投資者到公司企業，對於銀行因應新的替代能源市場的投資提案，從住宅發展到農業發展，如今都能馬上接受。這些社會與環境市場，就需求規模來看，變得越來越「有利可圖」，[5]也成了銀行創造共享價值的機會。他們更可以在增加獲利的同時，再次確認本身的「存在理由」（raison d'être），也就是為經濟和社會服務以及為本地和全球議題解決方案提供融資。

親愛的投資者：關於社會影響力

另一個革命性的方法也有著光明的未來：那就是社會影響力投資（social impact investment），或簡稱影響力投資。它涵蓋了「所有有意針對特定社會目標和金融回報的投資，並且衡量各自的表現成就。」[6]顯然很重要的一點是，宣揚這套理念的羅納·柯恩爵士，這位創辦安佰深集團（一家私募股權投資公司）的富有英國商人，也被視為是創投基金和私募股權投資的創建者之一——換句話說，由一個轉型金融的模式變成新金融的領頭者。這顯然是一個徵兆。如我們曾討論過的：「基本上，十九世紀是回報（return）的時代（主要的問題是，我的投資能帶給我多少？）；二十世紀是風險／回報（risk-return）的時代（我投資的回報是否足以印證我所承受的風險？），二十一世紀看來會是風險／回報／影響（risk-return-impact）的時代（我承受多少風險？我能賺回多少？還有，我帶來的影響是什麼？）。」

簡單來說，我們的金融市場已經從二維視角移向三維視野，投資者致力於將我們的能力專注在建構一個更好的社會之上，讓所有人都獲利。

在金融創新研究中最新出現的是社會影響力債券（social impact bond）：在綠色債券之後，社會影響力債券（最早在英國引進，隨後在其他國家也發行）是一種「由國家（或公營借貸者）所發行的非傳統債務形式，它沒有固定的利率但是有預設的期限，在這預設的期限內償付一個特定人口中重要的社會改善（例如降低囚犯的再犯率）。」[7]這個社會金融的概念，最初被發展來管理長期的社會問題（像是輟學曠職、文盲、犯罪累犯、及社會排斥），如今似乎更擴展到教育和公共衛生的領域，來協助最脆弱易受害的人口（像是青少年、老人、殘障者或無家可歸者）。

這些金融的新處理方式並非烏托邦式的空想。影響力投資在市場上正快速成長。這類的投資已經讓我們得以在降低累犯率、改善孩童與老人醫療保健以及金融包容性等方面得到進展，儘管有些計畫未能循序漸進，有些則失敗。可口可樂在巴西以及達能公司在孟加拉的倡議已經創造了當地的價值和就業。[8]在COP21之後，我們看到了全球綠色債券在二〇一六年由多邊的發行人（如世界銀行或歐洲投資銀行）、大規模的企業（EDF能源、聯合利華、液化空氣集團、蘋果電腦）和中型公司所發行的總額，在第一季就締造了新紀錄（光是一季就達到一六五億美元）。

沒有大張旗鼓，一場革命正悄悄展開：正如柯恩所說，影響力投資是「用市場看不見的心導引著那隻看不見的手」。[9]金融這個具有彈性的體系，其中一個好處是對獎勵機制做機械式的回應。我們只需提供良好的激勵措施，例如訂定要求，規定銀行客戶或是基金的影響力投資有積極正面的效應，所購買的股票對社會或環境有利，好讓體系轉向正確的方向。這種關聯性有時會被誤解或引發公眾的質疑。正因如此，我認為目前迫切的工作就是要好好地解釋投資者的所有策略角色。COP21讓我們學習到，民間與公家的參與者可以攜手合作。現在我們需要的是改善這種做法的應用。

金融與氣候：朝向一個新的命運共同體

這場翻攪著市場的寧靜革命在對抗氣候變遷上有特殊的角色，不過在此同時，關於氣候的討論，在某種程度上卻往往只強調眾所周知的、金融造成阻礙的那一面。我們不應該自我欺騙：「從北方到南方」所承諾的每年一千億美元代表團結義務的公共援助，本身其實無濟於事。二〇〇九年的哥本哈根高峰會把這筆款項視為我們集體承諾的象徵。但是每年一千億美元並不足以掩蓋全球一百兆美元經濟體所製造出來的足跡。要讓轉變真正落實，唯有靠市場的動員，同時也需要所有相關參與者行為上的改變。

我們如今已經看到越來越多的公司和股東們在選擇投資和存款、行銷產品、擬定會計制度時，把氣候的面相納入考慮。特別是有越來越多的投資者正在「綠化」他們的股票投資組合，退出對碳的投資（例如法國農業信貸銀行的子公司東方匯理在二〇一五年的做法），以及退出對碳氫化合物的投資（例如洛克斐勒基金會在二〇一六年賣出了所有艾克森美孚的股票），把他們的資金轉向與能源轉型的相關計畫中。法國的電力公司「法國天然氣蘇伊士集團」（Engie）在二〇一四年發行了截至目前為止，私營行為者所發行的最大量綠色債券（二十五億歐元），為風力發電、水力發電和能源效率募資。EDF 能源在二〇一五年十月也大動作地發行了創紀錄的十二・五億美元債券。這些決策真正創新的部分在於，它們不是純粹就道德層面來考量，同時也有可靠的金融依據：「不論金融上或是道德上，繼續投資持有……那些持續開發碳氫化合物新來源的公司，都已不再合理。」這是洛克菲勒家族基金會在二〇一六年三月二十三日的聲明。[10]

金融風險實際上已經成熟。經濟的行為者已不能再忽視馬克・卡尼所說的「轉型風險」，它已實際威脅到全球金融穩定：

以政府間氣候變化專門委員會（IPCC）估算限制全球氣溫上升不超過工業革命前攝氏兩度所需的碳預算為例。這筆預算達到全球已證實的原油、天然氣、與煤炭蘊藏量的五分之一到三分之一之間。即使這種估算只是大概的數字，它也會讓大部分的資源蘊藏量「被封存」——原油、天然氣、煤炭若沒有昂貴的碳捕捉技術，實際上根本燒不起來，而這本身就會改變化石燃料的經濟。包括保險公司在內的投資者面對這些變化……潛在的曝險非常巨大。[11]

如果這些在今日全球經濟中相當於數兆美元的預算，在短時間內快速貶值，全世界可能會經歷相當嚴重的衝擊。在這樣的情況下，卡尼總結說：「為我們經濟體的『脫碳』（decarbonization）提供金融，對身為長期投資者的保險業來說是一個重大的機會。」金融與氣候的命運，從此之後已彼此相連——不論未來情況如何發展。因此市場就其利害關係，應該對這個轉型做盡可能長遠的預想。如卡尼說的：「投資時有更多先見之明，事後的懊悔就越少。」[12]

不論如何，卡尼把提供行為者方針的責任都放在政策制定者的身上，他們要根據定價標準，讓溫室氣體排放付出昂貴的成本。本質上，這些指標的標準會逐漸對行為產生影響。它將傳遞信號給市場，讓他們做必要的工作來評估替代能源長期的價值。公司、投資者和消費者手上會有相關的資料來指引他們的決定。隨著把碳稅納入經濟模式和專案計畫，他們的決定將有利更環保的解決方案。「這些碳價的相關機制不應看做是對全球經濟的制衡，」法國天然氣蘇伊士集團主席梅斯特雷（Gérard Mestrallet）在二〇一五年解釋道：「正好相反——我們藉由它們建立信心、刺激投資和創新，並設定公平競爭的條件，它們將會是成長必要的加速器。」[13]這是金融價值最有力的展示，只要適當運用，金融可以成為短程、中程和長程未來的創造性力量。透過適當的框架及必要的監督與規範來傳遞正確的訊息，我們可以駕馭金融的能量達成共善！

但是，它有辦法擴大規模嗎？

在理論上，利用金融促成共同的善，其可能性是無限的。至少從二〇〇二年之後我對此就深信不疑，當時我在米榭·康德蘇主持的「全球水基礎設施募資世界委員會」工作小組擔任成員，隨後在法國總統辦公室裡與他共事，進行了許多以發展籌資為中心的專案。

為獲取水而募資

在工作小組裡我進行了第一次的實驗，為創造共同的善進行金融創新，第一個目標是清潔用水的普遍取得。我們的工作小組很快就發現一切都和表面上看到的不一樣，因為在一般人的認知裡水是上帝的恩賜，是我們所擁有的最神聖的資源之一。很可惜上帝並沒想到要打造派送水的管線！水管在田野的實際需要為數龐大：要達成千禧年發展目標，每年需要一千八百億美元，相當當時能夠籌募到金額的兩倍（也是當時官方發展援助總額的近兩倍）。[14]在我們「為所有人的水募資」（Finance Water for All）的研究報告中所提出的八十四個措施裡，我們努力要推動的是「可永續的飲用水關稅」（sustainable tariff on drinking water）概念：「要解決龐大的財務問題，我們首先必須運用最具正當性的資源：那就是透過合理而有效的關稅政策自籌資金」，或者換一種方式來說，一套「務實而在社會上可行的」政策。我們的靈感來自南非的成功實驗，它所依據的原則是，為游泳池注水或是用水洗車，應該要比供水給乾渴的人們付更多的水費。我們的建議則主張一開始的幾立方公尺的水應該免費，超過這個標準後就開始照定價收費。藉由這個方式，我們定義出「永續成本回收的關稅原則」，利用關稅的公式「依據不同人口層能力來計算」，以提供最貧窮階層「以相同或更低的價格得到更好的服務。」[15]

飛機票的小額徵稅

我與法國財政督察長尚皮耶・蘭多（Jean-Pierre Landau）共事，在二〇〇四年研究為全球團結籌資的研究報告《新國際金融貢獻》（*Les nouvelles contributions financières internationales*，也稱為《蘭多報告》）擔任主報告人時，有機會一起測試了關於金融的另一個明智運用。[16]這是我最感自豪的一項創新計畫，因為在二〇〇五年對航空機票設定的「席哈克稅」讓我們能夠在全球層面上，鞏固有責任的全球化（responsible globalization）此一概念。回到二〇〇二年，在針對發展籌資的蒙特瑞國際會議上，法國總統席哈克提醒了大家：「透過全球化所創造的財富來構想如何為人性化（humanization）提供資金、讓全球化更加完善地被掌控是理所當然的事。因此我們必須多加思考國際課稅的可能性，藉由它的運作增加官方的發展援助的可能性。」[17]

這個構想是要創造一個國際性的財政政策，透過它的槓桿操作，讓我們找到提供發展籌資不可或缺的資源，同時把尋求個人同意的需求降至最小。這種做法的重要性在於，它保證了一個可預測、而且供輸不絕的資源，不會因為國會或民主投票的臨時起意而改變。

法國總統在二〇〇三年任命蘭多和我負責組織來自不同層面的成員（包括「課徵交易稅以協助公民組織」（ATTAC）、國際貨幣基金（IMF）、財政部長、法國發展署、阿特金森（Sir Tony Atkinson）以及樂施會（Oxfam））的工作小組。最高層級的專家們，包括了經濟學家、金融家和稅務專家們，從實務的觀點來評估金融創新各種選項的可行性，特別是國際稅的各種可能形式：如金融交易的微稅、外資進入或離開避稅天堂的課稅、海洋與航空運輸的綠稅、航空機票小額的搭機稅等等。我們選擇了最後一項，純粹是基於實際可行性的考量，特別是因為它的執行並不會在徵收上帶來技術上的困難，同時也因為航空運輸與全球化之間有緊密的關聯性。從效應的規模來看（在當時，全世界一年賣出三十億張機票），若每張機票貢獻一美元，且全面徵收不致造成太大負擔，也不會影響航空產業的經濟平衡，將可為我們帶來三十億美元的資金。

這是金融最非比尋常的力量之一：透過對一個經濟活動微小的收費機制，可以擴大團結的基礎，動員全球化所創造的新財富——這其中很大一部分躲過了政府稅務體系——以其中很小的部分為共同的善提供融資。在這裡的案例中，飛機票的「席哈克稅」讓我們籌募到近二十億歐元來對抗愛滋病和大規模流行病。法國與其他十幾個國家聯手建立夥伴關係來將這筆資金運用在建立醫療採購的國際中心，名為Unitaid（國際藥品採購便利機制），它現在已成為全球醫療保健資金的重要支柱之一。Unitaid扮演醫療採購的樞紐，它受益於市場用顯著的低價與藥廠協商議價的能力。超過八成的預算投入於低收入國家。

為未來的承諾來動員今天

和其他牽涉到金融工程的創新相比之下，席哈克稅的金融創新顯得更加有趣。這個英國最先推動的構想，目的是建立一個「簡化的國際金融」機器，來聚集永續的資源，並為疫苗施打提供資金。它的公式是，如果一定數量的國家承諾持續捐助十年，每年捐助十個單位，我們就可以掌握這個多年期的承諾，調動市場現有的資金（意思就是在今天調動一百個單位），在未來支付償還給這個機制。參與這個機制的國家不需要每年小額付款，它們籌募資金的方式，可以在一開始就根據未來承諾的數額來借貸。如此一來，我們創造了更大的效應，且更快可以感受效應的結果。這就是二〇〇六年國際免疫金融基金（International Finance Facility for Immunization，簡稱 IFFIm）的出現，它的任務是依據十個國家的多年期承諾，定期在金融市場發行股權債券。[18]籌募到的資金會再次投入全球疫苗免疫聯盟（Global Alliance for Vaccines and Immunization），這個公家民營夥伴關係的組織可扮演行政角色，並能實地執行受資助的專案計畫。到目前為止，國際免疫金融基金（IFFIm）已經籌募了五十二億美元。僅僅在二〇〇六年到二〇〇八年之間，這個機制就拯救了居住在發展中國家的三百萬民眾！這不只是重新設計公部門的財政政策，光是這麼做並沒有任何新意；它真正地全新結合各方面的努力。

由一隻強有力的手控制的金融：充滿無限可能

金融在許多領域的應用可以設定非凡且有效的機制，它可以大宗購買、預先收購和製造槓桿。舉例來說，在醫療衛生領域方面，當前的慈善組織（如比爾蓋茲基金會）就進行了金融實驗：藉由將擔保制度引入疫苗市場，我們可以在發展中國家大量使用價格低廉的疫苗。

尚．陶德（Jean Todt，國際汽車聯盟主席，前法拉利執行長，以及聯合國道路安全特使）和我以相同的精神，一同主持關於運用金融機制方式的討論。道路安全是比愛滋病影響更多人的議題。以全球來看，每年有一百三十萬人在道路上死亡，五千萬人受傷，貧窮國家以及行人受的影響最大（其中許多是兒童：每天有五百名孩童死於交通意外）。道路安全的不同之處在於，我們都知道它的補救方法：透過安全意識的宣導來教育用路人法律規範、加強取締超速、立法限制駕駛者不可飲酒與用藥、改善偵測雷達、人行道、限速道路的路面凸起以及提升公共照明設備。這些都不是特別昂貴，但可以拯救成千上萬人的性命。[19]為了提供這些解決方案持續而穩定的資金，我們可以制定汽車產品的小額徵收或是小額捐款——從汽車開始（每年銷售八千萬輛），每輛車「無關痛癢」的五美元貢獻就可以永續地為此方案提供上億美元的經費。

類似的構想也可以在教育等其他領域進行。我目前正與聯合國的全球教育特使戈登．布朗（Gordon Brown）就這個主題進行研究，並共同孕育了國際教育金融基金（International Finance Facility for Education，簡稱 IFFEd）。

金融參與者必須加強溝通，讓大家了解這些倡議如何運作，及金融在其運作中無可取代的角色。金融各個不同面向的適當組合——徵收、調用以及結合公家與私營資源與能力——對有效處理這些需求是必要的。在此同時，我們必須持續創新，從不同利害關係人身上擷取理念，然後運用正確的機制進行快速測試，以利於了解哪些概念可以大規模地推動。在第十一章，我將檢視我們這類測試中，最強大的論壇之一：多邊機構。

在第三部分，我們將看到這個受到控制的金融方法，可以幫助我們重拾對多邊體系的信心，同時創造出國家之間真正的合作，來為共同的善服務。

第三部

金融是新國際合作的核心

第三部分討論金融如何成為迫切需要的新合作核心。金融是個全球議題並且需要共同合作處理。不過，金融還不只如此；它同時也是國際合作的工具。在適當控制下，金融可以幫助多邊的努力，以有效的方式為共同的善來服務。

如果我們要認真處理在現今世界共同面對的挑戰，那麼我們就必須抗拒脫韁的國族主義勢力。金融是全球的，它並不會分辨國家間的邊界。我們必須掌控金融的力量。我們依賴的並不是發明新的、甚至更加官僚的體系，而是精進現有的機構並讓它們更有效率。我們必須將全球化的操作系統升級，確保它不會為了體系而把民眾拋在一邊。如此一來，我們可以增加既有機構的正當性，並以最適當的方式協助輸送金融和資源。關鍵的要素是持續努力改善現有的機構；它們是龐大、設立歷史悠久的組織，需要以更有效率的方式展現它的核心價值。但這項改善工作，並不是要我們選擇阻力最小的道路。

第十一章則考量自第二次世界大戰後就已建構的體系，它的成就，以及它在今日世界的局限。第十二章查看金融如何協助對體系做必要的調整，並真正創造出為我們全體服務的工具。

第十一章　留住奇蹟

我們正面臨難題，這個難題大家都清楚，但時不時就會忘記。從來沒有任何世界級的領袖可以靠單獨行動解決這個世界的重大問題。這樣的說法在如今益發真實。不管是關於氣候變遷、移民、公共衛生、數位科技、或是最明顯的資金流動議題，大部分都需要全球性的合作。我們的領袖們已別無選擇。他們必須面對困難的現實：他們所治理的人們如今感覺受挫和困惑，龐大的上層結構跟他們使用的是不同的語言，這讓人們感覺受威脅、被遺忘、被淹沒。領袖們彷彿被無血無肉的機制取代，而這個機制正以自動導航方式運作。

我們要如何重新燃起國際合作的希望？在不同的先進國家、新興國家與發展中國家之間、在多邊機構之間、或是在日趨脆弱的聯盟之間，我們如何建立、改進彼此的對話？我們如何創造團結，以對抗驅使著我們抗拒他者、內心疏離的離心力？我們如何從「自掃門前雪」的策略轉移到「共好」的策略，也就是從優先顧好自己家裡，轉而關注提升集體的行動？

金融在這裡要扮演歷史性的角色。它不單只是全球治理的議程中的一個項目而已，它也是動員的實用工具——這個工具如此強大，國際社會決定要掌握它，為它定義標準、調成它的監管與立法框架、測試與擴大新的合作模式、並確認這個工具的實際效用。我們有達成目標的手段和能力。錢就在那兒，在民間投資者的手上。機構也在那兒。它們正等待著人們善加利用！一個從下而上重建的新金融模式，或許是賦予行動目的的最好方式。

當今國際機構（有用但讓人挫折的）的奇蹟

聯合國祕書長安南談論國際機構時說：

千禧年開始時，聯合國提醒我們從兩次世界大戰之間的經濟危機所得到的教訓。在一九四五年的設計者們已經了解到，固執地抗拒任何形式的經濟相互依賴，可能帶來毀滅性力量。在三〇年代，不受制約的經濟國族主義以及「自求多福」（everyone for themselves）和以鄰為壑的政策蔚然成風，幾乎無處不在，而後惡化成部分國家政治的相互報復、極權主義和軍國主義，以及一些國家的孤立主義。國際聯盟（The League of Nations）從一開始就必須面對這些力量而舉步維艱，以至於從未有機會完成它的使命。正是因為如此，大戰後的工程師們明智地選擇了開放與合作的道路。他們建構了聯合國、布列敦森林機構、關稅暨貿易總協定（GATT，即後來的世界貿易組織（WTO）的前身），還有一系列為確認這個體系能夠運作良好所設立的組織……。我們如今正在收割前人辛勤勞作的果實。[1]

我們必須了解，隨著幾個國際機構在一九四四～一九四五年之間成立，一個小小的奇蹟出現了。它具備前瞻性，專注於經濟與金融的合作以規範全球經濟體。這對我們而言非常幸運，因為在今天聯結如此緊密且複雜的世界，要創造如此具宏大企圖的工具將是件不容易的事。我們今天所有活著的人都是這份遺產的守護者。沒有它我們什麼都做不了。

的確，國際組織創造了巨大如怪獸般的官僚體制，它在許多方面都運作不良——但有時候又運作得太好，根本不需要有人指揮控制。的確，這個體系及其儀式、法規、計畫、議程，難免產生惰性與挫折。這些可能都是不可避免的。

像世界銀行這樣的機構，有一百八十九個政府擔任股東。[2]我在主持它的委員會議時充分感受到了這類治理牽涉到的全面衝擊。想像一下，一個二十五個人定期花三個小時開會討論的情況：就算整體上大家談的大致上是同一件事，但有些時候會有一些重要的微妙差異——有些人覺得男女平權仍不夠充分，有些人則認為我們太過注重公民社會，還有另一些人則認為公民服務的參與還不夠。如果每個人只說五分鐘的話，總共也要花上超過兩個小時，才能令每個人都有發言機會！在這些會議過程中，我覺得腦子好像分裂成了兩半；一半說，這實在是令人無法忍受的儀式，另一半則悄聲說：「也許沒錯，但有什麼別的辦法？」或許，這是我們要付出的代價，好讓最有權勢的國家可以和最無權無勢的國家同時列席，讓大家都看到美國和塞席爾（多麼美麗的象徵！）持續對話，並且避免讓「西方國家」以世界之名來決定所有一切。或許沒辦法事事都盡如人意，但是這套系統儘管仍是在OECD國家，特別是美國的主控之下，但卻在為弱勢群體的利益調動數百億美元資金的過程中，逐年取得平衡，並為每個人制定一些能讓大家都遵循的規則：關於童工、關於對原住民人口的尊重，甚至是關於生態多樣性的保存。

避過地獄

聯合國第二任的祕書長，來自瑞典的道格．哈馬紹（Dag Hammarskjöld）曾經說過：「聯合國並沒有建造一個天堂，不過它已經避開了地獄。」我們或許該自問，是否笨拙和效能不彰是讓我們放棄它帶來好處的充分理由？

或許我們可以先思考一下，這些乍看之下讓人有些不安的儀式背後的邏輯思考。我想到的例子是國際領袖高峰會。二〇〇三年我在愛麗榭宮[3]工作時，當時還很年輕。我在埃維昂皇家酒店的陽台上，置身於普丁、胡錦濤、小布希以及席哈克等人之間。當時正在進行八大工業國高峰會，天氣十分宜人，全世界最有權力的領袖們享受著陽光，分成小組交談。我悄悄地走到照顧我的長官康德蘇旁邊，並對他說：「真是太糟糕了！真浪費時間！我們想辦法把世界領袖們聚在一起，結果沒把他們關在房間裡讓他們協商出一些決策，卻是讓他們閒晃幾個小時什麼事都沒有做。」康德蘇回答說：「話別說得這麼確定。這個『時間的浪費』是高峰會最重要的時刻！其他的都只是按表操課而已。我們大致上都已經預料到會出現什麼情況。當然其中會有一些小的變動：每個人閱讀文件，翻譯員進行翻譯，接著，到了晚上禮賓協調人員會擬好講稿……。但是現在這個時候，是每個人試著去理解、去認同、去詢問一些像是『你們那兒有些什麼大議題？』、『你老婆和孩子還好嗎？』這類問題的時刻。如此一來，下一次他們拿起電話時，在談政治之前可以先聊一聊個人近況。這就是國際高峰會的力量來源和它的附加價值。它創造了凝聚力和人際間的關係。」

我在二〇一四年澳洲的 G20高會期間，得以親身驗證這些話所蘊涵的智慧。當時烏克蘭的危機暫時告一段落，而俄羅斯和美國的國際關係陷入冰點。普丁甚至派出了一艘俄羅斯軍艦到布里斯班！不過在遠離了記者麥克風的片刻安寧中，我驚訝地發現這位俄羅斯領導人正和美國總統歐巴馬和印度總理莫迪閒聊──證明了高峰會的部分機制仍在有效運作，也證明了類似儀式的存在至關重要，即使它們可能一時之間會帶來一絲焦慮。

學習文化中的無聲語言

隨著國際社會更加多元，被了解的需求更加強烈，這些儀式也變得更有用。如聯合國在二〇〇〇年宣布：

> 我們如今面臨弔詭的情況。這是一個在戰後設立的多邊體系，讓新的全球化得以出現和興起，但是正也因為全球化，而讓這個體系逐漸過時。換句話說，在戰後出現的機構是根據國際背景脈絡（international context）來設計，如今我們是活在全球背景脈絡（global context）下。我們的領導人如今面臨的主要挑戰，是要如何有技巧地在道路上航行，從這裡順利前往那裡。[4]

我們如今航行的道路意味著從G7移往G20的格式──同時並不棄置G7──這當中

包含學習十幾種新文化和新國家的語言和代碼。[5]美國人、法國人、英國人、德國人、日本人和義大利人彼此很了解——當英國人一開口，自百年戰爭以來就一直和他們交手的法國人聽得懂什麼時候他們說「是」的時候意思是「不」，說「不」的時候則是「是」！[6]——這對印尼人或是阿根廷人來說同樣需要努力釐清，或著對他們來說，要他們猜出法國人或加拿大人一個微笑眨眼的意思，還需要花上幾十年的工夫。

就我個人而言，過去幾年來與新興國家的代表們比肩談話，讓我獲益良多，也了解許多他們生活的歷程。我記得有一次晚宴坐在我左邊的是南非的財政部長，坐在我右邊的則是我在世界銀行的中國籍同事兼國際金融公司（IFC）的主管。我們談到了教育問題。南非人自承說：「我的教育來自監獄裡。我參加非洲民族陣線（ANC）而在牢裡被關了十年。」旁邊的中國人馬上搶白：「我一九五八年出生在北京的穆斯林家庭，我目睹了文化大革命的破壞。幸運的是鄧小平在一九八〇年開放出境，我才有機會成為第一批拿到簽證到美國的留學生。從此之後我就一直很崇拜他：如果不是鄧小平，如果他讓國家在毛澤東之後落入四人幫的手中，今天的中國可能是一個巨型的北韓。」這個人成了高盛在中國分公司的主管，隨後掌管一個大型國際機構，現在他要負責主導專案計畫，用國家的錢槓桿操作在非洲發展的投資。這是多麼大的背景差異！特別是像我這樣一個法國傳統的技術官僚，十八歲通過考試（然後在二十三歲考第二次，因為我愛考試！）畢業後就開始職業生涯。當你開始認知到新興國家同僚們的生活經驗，你就會了解，他們對於世界未必會有如你一般的想法，而且他們未必想和你更親近。一名俄國人有次告訴我：「說實話，如果我們讓你們感到害怕，那是因為我們知道餓著肚子戰鬥是什麼樣子。我們眼中生命的價值與你們美國人和歐洲人的並不一樣，你們總是三餐無虞；你們害怕戰鬥，失去原有的安逸舒適。你們失去了歷史的悲劇意義。」聽他這麼說，你要怎麼回應？

陡峭的學習曲線，但辛苦是值得的

我們必須學習更進一步理解與我們不同文化、價值、政治體系和生命歷程的人們，而且，除此之外也別忘了他們和十五年前的胃口並不一樣：他們如今的期待倍增，同時也更為複雜。我在中國廈門有一趟驚奇之旅，我碰巧在河邊的工地上遇到一群工人，他們正在架高一座教堂和牧師住所，好準備把它移到別處。我從未料到中國發展已經到了這個程度，會把歷史古蹟的保存列為優先工作──但實際情況正是如此。我們應該拋棄掉對一些國家和文化存在的偏見，這可能只是因為我們沒有好好花時間去學習和理解。透過誠意的展現，我們將學習了解他們、與他們合作，換句話說，我們都在相同對等的基礎上，我們得承認他們在決策制定和國際辯論上扮演更大角色的正當性。這個發展是雙向的：新興國家的領袖們也應該要認知到自己的環境政策或是金融政策對於先進經濟體的負面影響。不過要做到這一點，唯有靠我們全體學會尊重彼此的差異。

尊重差異並不是簡單的一回事。我們只需看歐洲花了多久時間才學會這一點，我們只需看在歐盟之內，即使各國幾乎有著共同的歷史、共同的文明，彼此的尊重卻依舊多麼脆弱，我們就不難想像把尊重擴展到其他各大洲的困難性。這並不會因為我們越來越常使用相同的語言——同樣的「全球語」（Globish，一種較簡便的英語）或是同樣的金融和數位用語——我們彼此間的了解就變得比較容易。但是，我們也別無選擇。我們生活在一起、工作在一起，而且為了所有人的好處，在未來將更是如此。我們必須宣揚多邊主義的教誨，向大眾解釋各國自給自足只是個幻想。想回到英國伊莉莎白時代、或法國路易十四時代、帝俄時代、門羅主義、或鄂圖曼帝國的懷舊美夢，到頭來會是一場空。

話說回來，否認彼此之間存在差異同樣也只會帶來反效果。相反地，我們應該學習利用彼此的差異，創造一起合作的機會。我想像的並不是一個統一的、巴別塔式的世界。如果整個地球說的是同一個語言，有著相同的想法，語言和思想將不復存在。（生物）多樣性是人類的無價寶藏。與其為了保有我們的身分認同而蜷縮自己、拒斥他人，我們更應該做的是一起合作，幫助全世界每一個國家發展它自己的文化、經濟和社會資源，幫助它們創造可自豪的奢侈品，而不是只是抄襲模仿其他的國家。[7]

從共同合作的觀點來看，世界銀行是一個我們應該有效利用、極具價值的組織。在七十多年的時間裡，它已經能夠創造它自己的文化，我們可將它歸類為為具普遍性的：它是一個美式政治文化（包括普世價值的偏見）、經濟學家與金融學家的文化、發展文化以及一百八十九個會員國政府的原有文化集合的一個混合體。[8]它的輪廓比過去更加多元。正如我在二〇一五年說的：「沒有什麼是永遠固定不變的。〔世界銀行〕的原則都是可討論的。我們不能把它們定死。有人認為我們在所有地方都該設定同樣的願景，但這種情況已經越來越少。我們越來越常談的是我們的『夥伴們』。中國人告訴我們：『我們能提供給你的和你能提供我們的一樣多。』他們說的沒錯。我的機構本來可能非常僵化——在許多方面仍是如此——如今已經一點一滴，設法調整並創造出全球模式。」[9]

提高正當性但不摧毀效率

二十世紀中葉，在美國的願景與領導下，人類成功地建立具遠見而且實用的機構。隨著時間的推移，我們已經重新修正這些機構的使命，與一些有互補功能的組織相結合。聯合國（UN）、國際貨幣基金（IMF）、多邊的開發銀行、G7+、G20、G24、G77、金融穩定委員會（FSB）、歐洲議會等等都是國際合作的實用工具。與其決定不使用它們，我們更應該在不是那麼糟糕的體系底下充分利用它們。與其任憑它們四分五裂，受困於笨拙與官僚，與其把它們推到一旁，說我們已經受夠了國際貨幣基金和世界銀行，它們最好快點消失好讓我們逃離「金融家們的獨裁專制」，不如，讓我們專注於努力採用這些工具，讓它們隨時代更新、把它們開放給全世界、及世界上的新角色：新興國家、私人企業以及公民社會。

我們必須把國際公共領域移出以國家之間關係為主的「西伐利亞式體系」，直到如今我們仍受困其中：聯合國不能夠總結成一個國家的聯盟，卻忽略了其中的人民；世界銀行與國際貨幣基金不能總結成由一個董事會所代表的政府股東大會。我們必須讓這個全球治理體系可以讓民眾及參與我們社會的、多元的利害關係人更容易接觸，並讓它更加透明。在許多方面它已經變得較容易消化和理解，不過人們往往並未感受到這一點。光是把幾千頁的協議、條約和報告放上網站並不夠。我們必須知道如何宣傳它們，為這些討論和國際承諾提供背景脈絡以及信譽，這也會讓它們變得更加民主。國際組織要讓人們有夢想、願意動員，就必須將參與是民主更多地納入行動程序，以及決策制定的過程中。

在這種全球治理的新方式下，我們的優先要務之一是要找到效率與正當性之間適當的平衡。追求效率的誘惑是由權力最強大的國家領導人（G7集團，或是如今已廢止的G8集團）組成理事會，在它們本身利害關係的影響下指示其他國家——毫無疑問，這樣由七、八個人來做決策會比較快。正當性則致力讓每個人都感覺到自己在這些討論中也是利害關係人，不論他們是住在千里達與托巴哥、美國、還是中國，不論他們是共和國的總統、財政部長、創業者、或只是一個公民。G20創立於一九九八年，就是為了回應亞洲經濟危機，而把二十個最強大經濟體的央行總裁和財政部長聚在一起：國際社會已經認知到，七個或八個最富有的國家已經不足以擔任全世界唯一的決策者。

不過，把它擴大成二十支麥克風的框架如今也到達了極限：在現在相互依賴而極度連結的世界，你要如何確定你能夠聽到所有不在談判桌現場的聲音（況且他們是大多數）？你如何確認你把他們的利害也納入考慮？你如何處理那些被國際金融體系所遺忘的國家中特有的問題？對於前面討論過的，被排除在通匯銀行規範之外的國家，你如何將他們重新納入體系？你如何把金融穩定委員會（FSB）——一個G20的組織，涵蓋了全球90%的金融——定義的國際標準，施行於其他一百五十多個國家身上？我們不能忽略非洲國家央行的說法，讓他們覺得自己是被迫實施一些他們根本沒有參與發展的監管規範。

在我們面對正當性問題的時刻，世界銀行這類的機構應該扮演關鍵的角色。事實上，這個開發銀行在世界上是獨一無二的：不僅是因為它有多國的網絡，透過它全球的管道，它同時可在國際社會中「為無聲者發聲」（voice for the voiceless）。世界銀行集團受邀參與G7和G20的討論和高峰會。它是金融穩定委員會（FSB）的成員，同時在一些制定標準的組織中也都有代表參與。這並不只是象徵性的地位。它可以通向全球共識形成的所在，並且可對影響到客戶的規範進行討論。換句話說，世界銀行的立場是表達不在場討論的人們的意見，分享他們的顧慮，確保全世界相互連結的意識也能被聽到。它可以提出一些其他組織絕對想不到的問題：比如，新的金融規範框架對新興經濟體和發展中的經濟體會帶來什麼衝擊？它是否如通匯銀行案例，會帶來未預見的後果？它可以強調減低、衡量和提高風險至適當水平的重要性。它甚至還需要做更多：提出管理全球公共財的老問題，強調文化上需做的努力，讓高層的討論更貼近實際日常的優先工作。世界銀行集團是唯一一個具備能力執行這些任務的單位。大功尚未告成。但是我們不能放棄。正是秉持這種精神，我發現自己在這一類的論壇裡有所作為。不斷發展進行中的改革，至關重要（該是接受一個持續變化的世界，不要再相信線性、僵化的現況的時候了）。以堅定不移的方式朝這個方向努力，將可以大大提升機構的正當性。來自公民社會與股東們的壓力應該驅動議題、要求結果。在當今的全球政治氣氛下，這一點已進一步地被強化，許多政府如今對老是開支票付錢已經興趣缺缺。充分利用你手上所擁有的，勇敢去創新和追求效率——然後不斷持續下去。向前邁進所需要的，正是這種思維方式的改變。

第十二章　不過，是該調整的時候了

就歷史上而言，國際的合作一直是建立在經濟和金融的合作之上。一九四四～一九四五年的機構至今仍是明證。最近說來，G20的成立證明了當迫切性的事件發生時，全球共同體仍知道該如何來合作。世界回應這個緊急事件（也就是二〇〇七～二〇〇八年的金融災難）的方式，是強化G20。這個為了回應一九九七年亞洲金融危機，而由財政部長和央行總裁們組成的組織，如今由G20各國的元首共同組成。因著危機的規模，如今需要最高層領導人做出承諾。雖然這項機構上的創新，日後由多國的領袖們共同主張，不過它實際上最早的嘗試，早在二〇〇三年的埃維昂就已開始進行，由法國總統席哈克邀請G8集團以外的領袖（如中國的胡錦濤與沙烏地阿拉伯的阿布杜拉國王，以及五個非洲國家領袖領導的「非洲新夥伴發展計畫」（New Partnership for Africa's Development））。不論如何，在回應全球金融危機時，由國家元首組成G20集團來避免全球經濟完全崩解和分裂，大致上是成功的。[1]

準備行動！

在二〇〇八年到二〇一〇年之間，我們經歷了一段「著魅」（enchanted）的時期，世界已經再無退路，世界各國的領袖們終於要應付金融和總體經濟過去一直不願去處理的問題：銀行活動的規範管制、打擊避稅天堂和稅基侵蝕（一項由 OECD 和 G 20 共同進行的計畫）、乃至於對抗金融恐怖主義的行動。二〇〇九年在倫敦與匹茲堡的高峰會，標誌了 G 20 這個光榮時期的最高峰，當時國際共同體展現其願景、意志、與領導力，因為他們了解到他們必須挑起責任以避免一九三〇年代隨著倫敦會議失敗而導致的災難。[2] 歐洲本身知道該如何一起行動，完成歐元區的第一個聯盟：歐洲銀行聯盟（在二十五年前，這看似極不可能實現的願景，但是在二〇一〇～二〇一一年看來卻是理所當然！）。

動能與領導，不管多麼受歡迎

鼓舞著國際共同體的非凡精神在如今看來，已經熱潮稍歇。儘管二〇一五年出現回升與經濟趨緩現象，如今的G20卻越來越像是執行一些內政議程的「聊天會」，因為全球危機不若以往那般嚴重及迫切。G20如今和被「自掃門前雪」觀念主宰的「G零」相去不遠。這種無效率的情況，在我所關切的基礎設施融資議題上特別顯得刺眼：儘管有強烈的證據支持我們有大量的全球流動資金，也有相對的巨大需求，但是它卻毫無進展。我們到底還在等什麼？

希望讀者們可以諒解歐洲的迂迴延宕：歐洲的問題因歐元危機與難民危機而惡化，更隨著英國脫歐公投並決定離開民粹主義者所厭棄的歐盟組織而沸騰。但是我們不應因此而忽視了自一九五〇年以來所共同達成的進展。因為歐盟的框架是複雜的概念，技術層面和上層結構往往各行其是——因而損害了當初透過城市交流與大學學術交流所滋養的團結精神，這也讓應該為其成就感到自豪的支持者們，往往陷於處於守勢。除此之外，這種猶豫不決的情形常常模糊了重點：歐洲有行動所需的手段！英國脫歐危機說明了一件事，那就是德法同盟是歐洲最好的機會：當初經濟的領導者（德國）與軍事和外交的領導者（法國）的同盟關係，如今已成為介於東歐與西歐、南歐與北歐之間的兩部強大的引擎，他們可以帶動歐盟的其他國家，使他們有能力在世界舞台上留下標記。當戰火在烏克蘭與薩赫爾肆虐，我們的世界承受不起一個疲弱無力的歐洲。這塊歐洲大陸在二十年前夢想著「人們之間不斷加深的同盟關係」，體現了一個做為全球典範的計畫：這是一套有共同價值的典範，建立在民主、人權和產業認同之上，這是一個學習共同生活的實驗室。這項計畫也是我們有義務加以保護的未來典範。如果我們在歐洲無法成功，我們如何能期待其他的國家集團能做到？我們具備工具、理念和機構。我們具備達成目標的手段。但是，如果歐洲找不到提供指引的領袖，或是缺少民眾的支持來鼓勵並驅策領袖們朝向正確的方向，這些工具將毫無價值。

尤其是法國，從伊曼紐・馬克宏的當選的意義來看，法國對歐盟有特別的責任，因為它仍有機會施展它對全球治理的——從它的經濟實力和人口的角度來看其實是不成比例的——實質影響力。從國際貨幣基金的拉加德（Christine Lagarde）、不久前曾在歐洲央行的特里榭（Jean-Claude Trichet）、在世界貿易組織（WTO）的拉米（Pascal Lamy）、或是本人在世界銀行的職位，甚至是在聯合國備受欽羨的常任理事國地位，法國仍然掌控一些可以動員的職務，讓我們的聲音在全球化的討論中被聽到。不過，這個聲音要被聽到，就必須以歐洲做為它的擴音器。從華盛頓的角度來看，歐洲是不證自明的，這如法國在歐洲是不證自明的一樣。讓我們迎向這個契機！在歐洲的需求如此重大的時刻，法國在歐洲的衰弱解釋了歐洲在世界衰弱的部分原因。法國，不論是正面的或是負面的，都具有不成比例的影響力。

我屬於那個孕育歐洲團結的世代。我們不希望成為中斷它的延續性的人。在英國脫歐之後，我們必須避免相互間敵意和簡化問題。讓我們成為其他人的模範！承擔起我們的歷史責任，讓我們運用我們的特權、運用我們行動的能力來賦予一項計畫新的生命。對我們許多人而言，這項計畫激發了我們的專業使命感和責任感。如我在一場會議裡半正經半開玩笑地說：「我們都約會夠久了，現在是開房間的好時候了！」[3]這是我們朝新類型的聯邦體制做量子跳躍的時候，或許在同心圓的形式下，我們該選擇一場歐洲合眾國式的革命，而不是選擇羅馬帝國式的結束。歐洲是在一連串危機中建構起來，而且到目前為止一直能找到能量在最後一刻反彈而升。不過它過去六十年來能做到，並不保證它未來六十年以及之後還能辦到。歷史尚未落筆。它就在我們的手上。

在歐洲能成立的，絕大部分在世界其他地方也會成立。我們一同合作所使用的工具雖不完美但極為重要。我們不應該因為目前的猶豫不決，而對G20所具有的行動能力視而不見，即使這個合作模式在整合程度和進化程度上，與歐盟模式遠遠不能相比。不論是哪一個模式，都可以讓人們上談判桌，有能力做出決定，並因此把工作完成。G20的成員是國際貨幣基金（IMF）和世界銀行，以及其他大部分國際金融機構的主要股東。他們有全球性與區域性的領導能力。他們可以透過金融穩定委員會（FSB）來影響國際金融規範。他們的經濟力量賦予他們強大的話語權和動員力。這種實力非同小可，同時也暗示我們，如果提供明確的目標，這些國家和這個論壇可為推動共同的善帶來貢獻。

讓金融成為全球治理的工具，而非議程

G20即使並非完美，如今也是全球經濟治理最有效率也最具代表性的一個論壇。它是唯一一個全球化市場與機構交會的所在。改造它，讓它不只是財政部長和央行總裁們每年會面三、四次，或是國家元首每年見一次面的場所——讓它不只是匯率政策、銀行規範、或通膨率這類技術性討論的所在，我們還在等什麼？要處理影響人類未來的真實問題，我們還在等什麼？讓金融不再只是一套機制、一個議程項目，我們還在等什麼？在談判桌上，要讓大家明白我們有行動的資源，並且以務實的觀點自問該如何駕馭能源，我們還在等什麼？我們如何鼓勵公家、民間以及共同體參與者之間的合作？我們要使用什麼合作方法？我們如何採行規範？我們要使用什麼控制手段和獎勵措施？在G20成員為主要股東的一些機構，例如世界銀行和國際貨幣基金（IMF），我們該提供它們什麼樣的指示？為了二〇一五年所做的承諾，我們如何動員所有的資源？

處理基礎設施是我一再強調，卻始終覺得意猶未盡的完美案例。G20的成員們，可以用個別和集體的方式，將所有監管規範和金融障礙都納入考量、動員專家、訓練人才、並界定如何創造一個公認的「基礎設施資產階類別」（infrastructure asset class），並得以在絕非零

利率或負利率的最佳條件下，吸引全世界可觀的儲蓄。

讓Ｇ20和它相關的國際機構成為真正以共同領導方式來領導的中心，我們還在等什麼？讓它們成為決策制定和落實的中心、力量動員與智慧動員的場所，我們還在等什麼？讓它們成為納編和整合的論壇，對期待和需求進行實際考量的地點，我們還在等什麼？讓它們成為創新與經濟的、規範的、金融的、與社會的中心，來測試概念和定義標準，成為艱苦但有利可圖的公私合作的全球實驗室，我們還在等什麼？[4]

圍繞著Ｇ20的一些衛星組織正等待得到更好的運用：B20（Business 20，二十國集團工商活動）聚集了成員國的企業、L20（Labor 20，二十國集團勞工）集合了工會、T20（Think 20，二十國集團智庫）結合了智庫，更別忘了W20（Women 20，二十國集團女性）和P20（Public 20，二十國集團公眾）。讓這些全球機會變成實際工作場所，而不只是「聊天大會」和原則宣告的平台，我們還在等什麼？這些是寧靜革命的訓練中心，具備改變世界的潛力。讓我們帶著一套願景和哲學——製造者、發明者、建構者、驅動者和催化者的願景和哲學——來領導這個體系，賦予它血肉、意義、實體以及一顆心！這是我們目前最好的方法，可以避免看到世界因分裂的力量而粉碎。我們過去有智慧創造工具；現在就讓我們來掌握並運用這些工具。

選擇現有的道路

二〇一六年九月在中國南方的杭州舉行的G20高峰會，在許多方面都代表著全球經濟治理的一個重大時刻。這不僅是中國這個世界第二大經濟體第一次主持這類的高峰會，同時它也是第一次G20預計要為「二〇三〇永續發展議程」設定的永續發展目標（SDGs）界定應用的行動計畫。回到二〇一六年的春天，在中國領導下，G20發布了第一份對氣候變遷的主席團宣言。這為這項議題的國際合作播下了令人充滿期待的未來種子，這是我們應加以鼓勵的好事。中國國家主席習近平二〇一七年一月在達沃斯的演說呼應了這個訊息，在美國和歐盟的領導者缺席而引發關注的情況下，他讚揚了全球化帶來的好處。

G20正開始準備全力展開行動，展現領導與動員的責任，以及身為典範的能力。中國也明白——部分是出自於自身利益的考量——它必須扮演關鍵的角色，鼓勵其他新興國家在國際經濟合作上取得共識。如英國經濟學家吉姆．歐尼爾（Jim O'Neill）最近提到，[5]共同合作未必要在政策上完全相同，而是該在世界不同地區施行適當的政策。以中國為例，它在擔任G20輪值主席期間，敦促未來參加高峰會的所有參與者將永續發展目標（SDGs）的嚴格實行措施，納入他們的中程與長程國家發展目標，並將國際議程與國內的努力做準確的配合。它進行了大型的發展宣傳活動，鼓勵領導人與人民的重新建立聯結。這個獨特的機會重現了二〇三〇議程的應用，把焦點重新放在人的元素——科學研究、相互連結性、機構的創新[6]、治理的改良——以及一些事實之上；工作小組參與者在杭州的高峰會之前，也特別讚揚了中國在這些準備過程中的開放與透明度。最後，最重要的是它把基礎設施投資列為優先要務（特別是非洲與較不先進的國家的工業化），將它定為永續全球成長短程及長期的重要支柱。我歡迎這些努力，同時要對中國與美國共同的、負責任的領導，高聲表達最熱切的支持！

基礎設施：靠什麼支撐？

在第九章我討論到，為基礎設施融資的議題是人類在實務上，為永續未來共同合作取得成功的最佳途徑。在這個領域，就和氣候變遷或是大數據相類似，多邊開發銀行（multilateral development banks，簡稱 MDBs）和 G 20為全球共識提供了極具價值的實驗室。[7]全世界沒有比它更好的地方可以用來測試工具和概念、冒一些風險、容許犯錯、並試著用別的方法重新嘗試。不過，如我在二〇一五年接受訪問時所說，要做到這一點我們必須能夠「在一個國家測試一個概念，而不是一成不變的視野。」你必須「詢問每個國家特別之處是什麼，了解哪些想法可以在其他國家複製，哪些需要調整。透過鼓勵，某些公司會比其他公司更成功。」8多邊開發銀行（MDBs）對於發展新模式和典範，以及打造全面處理方法，在全世界、地區以及國家層級都扮演重要的角色。除了創新的義務之外，它們也被託付了協調整合的任務，這對鼓勵支持永續發展目標（SDGs）的新倡議與舊倡議和諧並存，以及鼓勵所有全球治理的行為者——政府、民間企業、開發銀行、國際組織以及公民社會——資訊交流都相當重要。這正是人類之間共識跳動的心臟。

多邊開發銀行（MDBs）這項歷史性的角色將隨著全球基礎設施論壇（Global Infrastructure Forum）的成立獲得通過，它在二〇一六年四月正式成立並規定每年必須開會一次。這個在阿迪斯阿貝巴行動議程中，由國際共同註冊的論壇，由多邊開發銀行（MDBs）依據主席輪值的方式共同組織而成，與G20、G24、G77和G7+的代表，以及聯合國機構等組織建立夥伴關係。這樣的聯盟將可讓國家與發展夥伴共同合作，依賴既有的多邊合作機制克服在全球規模下基礎設施的既有缺失。正如它的主席在短講中提到，這個論壇「將鼓勵更多國家發聲，特別是來自發展中國家的聲音」；它將「支持由國家主導的計畫、執行、監督，並評估可永續的、具韌性的、具包容性的、優先順序做良好安排的基礎設施計畫和健全的基礎設施框架」；它將「有系統地〔鼓勵〕所有利害關係人——也就是公家機構、使用者、民營企業和公民社會——共同參與流程規畫與資金籌措，進行國內的資源動員以及國家和國際的金融供應，和基礎設施服務的操作。」[9]這類型的集會場所對培養合作精神非常重要。它本身並不是新的工具，而是對既有工具適當的協調配合。

讓G20和開發銀行可以充分運用的另一個主要的全球性挑戰，是為減緩氣候變遷提供融資。如馬克・卡尼在倫敦演說中強調的，「對於氣候變遷風險的有效市場回應，以及對抗它的科技與政策，都必須建立在資訊透明的基礎上」，以及建立在提升「成本、機會和氣候變遷風險」的資訊透明度之上。雖然說「已經有近四百個關於提供這個資訊的倡議」，例如「碳揭露計畫」（Carbon Disclosure Project）提供投資者、公司和政策制定者關於碳排放超過限制對公司、城市、國家以及地區環境衝擊的資訊，G20應該「建立更多關於各種資產的碳強度（carbon instensity）的一致性、可相互比較、可靠而且清楚的資訊」。要符合這些標準，需要「協調配合，只有像G20和金融穩定委員會（FSB）這類組織才能做到」。因此，氣候相關金融揭露專案小組（Task Force on Climate-Related Financial Disclosures）在二〇一六年一月成立，由彭博（Michael Bloomberg）擔任主席，負責發布氣候資訊和「設計與提出碳生產與碳排放公司自願發布資訊的標準」。[10]第一批可執行項目已經在二〇一七年進行討論和執行。雖然多邊開發銀行（MDBs）在可靠的、具韌性的碳經濟中，扮演了有效催化劑的重要角色，它們仍有一個重要任務，就是確保全球規模的協調合作。這是世界銀行集團所創立的碳定價領導聯盟（Carbon Pricing Leadership Coalition）的目標——與超過九十個企業與二十個政府和其他公民營行為者共同合作——目的是回應加速制定碳價的全球行動的需求。[11]會議在二〇一六年春天先後在華盛頓與巴黎召開，碳定價領導聯盟很快就利用巴黎氣候協議凝聚的氣氛，召集了更多國家的參與，推動有效的碳定價，並藉由這個機制，特別是透過新的「有效碳定價原則」來分送資訊。

在集體行動方面，多邊銀行（MDBs）身為發展的數據管理者，大數據是另一個未來可以扮演戰略角色的領域。不僅是因為大數據是一種「共同的善」，而需要好好管理讓它適當擺脫GAFA（Google、亞馬遜、臉書、蘋果）的寡頭獨占並開放給所有人；同時，我們也需要大數據來建構所有人都可獲取的可靠數據。大數據是在全球規模上建立有效發展政策、做成適當決策和監督問責的基本原料。同樣在這個領域裡，多邊開發銀行（MDBs）也致力於發展全球共識，建立鞏固發展數據，以及持續改進知識分享方法的原則和標準。讓所有人有能力面對全球發展的挑戰，首要之務包括了協助國家取得可測量的結果、改善資訊的獲取以及鼓勵使用開源軟體和開源發展。新的「世界銀行直播」（World Bank Live）平台——它讓全世界的網路使用者能夠參與線上討論——如今是國際貨幣基金開會時重要的一部分。

正如你所見，社會各層級及世界所有國家，都有許多方法可以讓二〇一五年的國際承諾不再只是虔誠的誓約，而是聚集團結的力量，戰勝能趨疲（entropy）的力量。

這些論壇和地點是重要的所在。它們絕非完美，要提升它的正當性與效率仍有許多地方有待改進。但是靠著它們，我們避免了世界因為金融而沈沒。我們從它們那兒認知到，我們需要恢復對體系的掌控，並從它們那兒開始出發。儘管它們快速有效的程度未能盡如人所願。它們是共同的善之共識得以建立的所在。不過它們在二〇一七年，也是一些疑慮——有時是以粗暴而直接的方式——浮現的地方。也因此，它們讓我們看清我們正面對的十字路口。

如今我們的責任是讓每一個人都參與進來：國家級和國際級的領導人要以身作則進行動員，並從他們領導和參與的機構謀取最好的利益；公司、投資者、國際組織、協會以及公民們必須運用各種工具和可取得的網絡（如今管道越來越多）來協助，讓改變世界的「寧靜革命」成長壯大。在全球治理上，我們都是關鍵的參與者。如果我們都能夠有意識地一同行動，我們將學會彼此相互理解。監管工具、金融獎勵措施、對利害關係者施加壓力的手段：每一塊拼圖都在這裡。不要把它們丟棄，這些片段將建構我們的未來。

我們的未來，將從我們提供地球永續發展的融資開始，這是目前共善的核心，我們將第四部分中討論。

第四部

為共同的善與永續發展服務的金融

第四部分討論了為永續發展提供融資的問題。在某個程度上，永續發展可視為共善的代表物。我們對共同的目標有共識之後，雖然通向這些目標的路徑或許還不確定，不過可確定的是，金融是幫助我們達成目標最有效的機制之一。

我們所設定的目標（同時也是我們的世界迫切需要的），如永續發展目標（SDGs），光以它的規模而論，就需要我們重新回到金融的基礎。我們必須建立操作與攜手合作的新方法。新的處理方式要求我們聯合公共部門、私營部門和公民社會。這個方法需要真正的新型態夥伴關係，運用透明及誠實的溝通來避免彼此落入相互懷疑的陷阱。如果能做到這一點，我們等於是準備好奠下基石，帶領出所有關於如何合作、讓金融力量最大化運用的主要原則。選擇掌握在我們手中，列出行動方式的具體案例，就是實現我們期待的最好方法。

第十三章介紹的是多邊開發銀行的特定角色，並回顧我在過去幾年所領導的創新；它們將說明真正的改變是可能的，並具體舉例如何完成任務。第十四章思考現有模式的局限，以及我們如何調整模式及工具，提供永續發展的融資。第十五章著重於公私部門之間合作的重要性以及它們所面對的挑戰；同時也會討論幾個已經出現進展的案例。在第十六章中，我要說明如何把這些原則付諸行動，我將引用醫療健保、教育和難民危機為例，說明有哪些部分我們重新掌控金融，並在所有力量相結合之下，對共同的善提供有效的服務。

第十三章　把多邊開發銀行當成實驗室

多邊體系是個特殊的環境。它提供最好的實驗室，讓人們在其中發展和測試新的概念。它有不同的資金來源、用途以及還款要求（範圍從贈予到市場水平下零利率金融回報的貸款），再加上接受各式各樣利害關係者（捐贈者、使用者、投資者、公民社會組織）資金投入的能力和機制，讓這個體系處於獨一無二的位置。

近年來我在世界銀行測試的一些實驗，更強化我對於金融創新可以用來為善的信念。多邊開發銀行（MDBs）是機構性的證據，證明受控制的金融可以對發展問題提出永續的解決方案。它們所能夠帶來的創新，可以創造出可觀察到的、漸進式的變革——讓我們運用它來改變世界！

釋出數十億美元

我在世界銀行引入的第一個破壞式創新，IDA+，是思考一個組織中資金架構的新方法，試著透過優化與重組世界銀行集團本身的資金，來增加自身的借款能力。國際開發協會（International Development Association，簡稱 IDA）是世界銀行集團的優惠融資分支機構，[1]於一九六〇年成立。[2]它每三年從捐助國籌募資金，用來分配捐助和優惠貸款給受惠的國家。貸款按時償付給國際開發協會（IDA）；如此一來，這些還款就不可能被當成是付給原捐款國的利息。國際開發協會在帳戶裡掌握可觀的資產（現金或貸款），而本身卻沒有負債：基本上，這些資產可以看成是它自己的股權。這些資金為數可觀——在二〇一六年超過了一千五百億美元。[3]這些錢可以用來支援借貸活動，如此一來，透過槓桿，它可提供大量的補充資金（supplemental funding）或提供增額貸款作為擔保。換句話說，國際開發協會（IDA）可以顯著增加它挹注窮國的火力。IDA+ 遵循的是同樣善用多邊開發銀行（MDBs）資本基礎的概念，從它的收支報表結構中取得利益。這展示了這個獨特的銀行模式可提供給客戶和股東的機會。

根據它實際情境考量，它可以創造一年一百億美元的能力。這個數額最後在二〇一六年十二月獲得同意定案，並在二〇一七年我離職之後開始發展。這筆新獲得承認的資產股權可借出兩百五十億美元，它們將以非常吸引人的利率借給需要的國家，而對像美國這樣的捐助者和股東而言則不會有額外的成本。

保險：一個明顯、但仍未充分利用的工具

第二個金融的創新做法，是使用保險來預防自然災害與流行病。我剛進入世界銀行時，看到保險在發展金融中並未得到充分利用，儘管它是管理各類型災難，並限制其長期衝擊的適當工具。尼泊爾的地震、西非洲伊波拉病毒的爆發、萬那杜的熱帶風暴、甚至是新興經濟體和發展中經濟體遭遇的經濟震盪，都是當地協同努力的嚴重障礙。然而，發展的行為者卻很少使用這個金融產品。箇中原因很多：它可能單純因為個人不好的經驗而對保險業者缺乏信心，他們已經認定保險業會想盡辦法推卸賠償責任。常見的情況是，接受補助者以及某些捐助者都相信，一旦保險費付完之後，如果被保險事件沒有發生，那他就在沒有任何可見的實際影響下「賠錢」了。最後，如何定價是複雜的問題，因為大多數探索的項目都是新的，其保險模式仍尚未穩定（更不要說有些人會擔心民間的保險業者趁機攫取暴利）。

事實上，在災害發生之前，保險費用總是顯得太過昂貴。我在世界銀行集團為自己理念

辯護時當然都考慮過這些反對意見，不過我也相信實驗證明的力量：和任何的創新一樣，我們必須先試驗才能夠進行評估並改進。

在太平洋進行的實驗中，運用保險結合以市場資金為基礎的處理方式獲得成功。我們的災難保險專案計畫是來自於這樣的事實：太平洋島嶼暴露在各種極端的風險之中（熱帶風暴、地震以及海嘯）。過去六十年來，這些風險影響了將近一千萬人。不過，基於太平洋面積廣大，相關風險並沒有我們想像的那麼大。我們有一些能夠分攤風險的選項，而這也是這個地區可以試著以保險為基礎的解決方案。日本是最大的贊助者之一，在世界銀行理所當然擔任中介者的情況下，保險業者自然也都願意參與。換句話說，我們在這個區域有機會展現更好的創造力。

除此之外，二〇一四六月，世界銀行集團也發行了它的第一批「巨災債券」（catastrophe bonds，或簡稱為cat bonds），內容是有關加勒比海地區十六個國家的地震和熱帶氣旋的風險。這些債券讓我們得以將天然災害的風險轉移給投資人，並避免債券發行人在重大事件發生時必須償付債券資本。值得注意的是，世界銀行施行「多項巨災方案」（MultiCat Program），它也提供透過法國和其他國家直接贊助的「加勒比海災難風險保險機構」（Caribbean Catastrophe Risk Insurance Facility）再保險的可能性。另外，應急信貸額度（contingent lines of credit）（稱為「災害延遲提款選擇權」，Catastrophe Deferred Drawdown Options，或稱Cat DDO）多年來都准許受天然災害的國家適用流通資金緊急條款。正因為如此，東加在二〇一四年、萬那杜在二〇一五年受到熱帶風暴襲擊之後，他們可以在短短幾週內就得到需要的協助。

伊波拉與流行病案例

我用同樣的思路來思考伊波拉病毒，雖然它不同於天然災害，難以準確認定流行病開始蔓延的時刻，以及完全被根除的時刻。而且它所造成的損害感受自然不大相同，而且會隨時間而擴散。不過我們知道伊波拉的危機對幾內亞、賴比瑞亞和獅子山等國的經濟體與發展成果會有嚴重的影響。在二〇一五年四月，世界銀行估計這些國家的國民生產毛額總損失達到二十二億美元。下一場流行病的經濟和人命損失可能更嚴重。[4]雖然現在可能很難預想該如何為一個國家的流行病投保，比如賴比瑞亞的伊波拉病毒——但我們同樣不能保證在流行病發生時，我們有快速控制問題並組成防線的金融能力，來避免流行病演變成大規模流行病；而這將更加致命，損失代價也更高。有鑑於此，世界銀行集團開始與世界衛生組織（WHO）及其他幾個夥伴組織，特別是來自私營部門的夥伴，展開一場腦力激盪，來改進一套為流行病籌募資金的緊急全球機制，以提供給通過委任、事先經過同意的國家及國際回應者：利用數千萬美元的年度保費以及可用現金元素，我們可以在事件發生時解鎖所需要的數億美元。這個倡議如今快速上路，第一項機制已經在二〇一七年六月啟動。各參與方已經建立資金釋出的規範，利用公開可取得和追蹤的捐款來安排保險的償付。目前提出的保險方案是針對世界衛生組織（WHO）認定，最可能引發重大流行的傳染性疾病。擔任G7輪值主席的日本是第一個在二〇一六年投入五千萬美元，並啟動這項倡議的國家。光是這個構想能似乎成為可行的模式，讓保險公司願意考慮承保，就已經是向前邁進的重大一步！

全球水平的風險分攤

第三個創新的金融方法也和風險管理有關：依賴分散風險原則的曝險交易協議（Exposure Exchange Agreements，簡稱 EEAs）。這個構想是讓多邊開發銀行（MDBs）來管理集中的風險，以此限制與其他多邊開發銀行交易時，匯率曝險帶來的衝擊。體系的整體風險並沒有改變，但它在機構之間能獲得更好的分配，[5]如此一來，它可以釋放他們因為資金集中特定國家和地區所必須涵蓋的風險。世界銀行集團首先在國際復興開發銀行（International Reconstruction and Development，簡稱 IBRD）和多邊投資擔保機構（Multilateral Investment Guarantee Agency，簡稱 MIGA）對解決方案進行內部的測試，釋出資源給巴西和巴拿馬的補充資金。在二〇一五年十二月，非洲開發銀行、美洲開發銀行以及國際復興開發銀行簽訂新的協議：以對這三家機構股東而言低至可忽略的金融成本，我們得以創造了兩百億美元的供資能力。要達成永續發展目標（SDGs）的資源唾手可得！

開發銀行：我們工具箱裡的關鍵工具

這些多元的創新展現適當使用金融工具的潛能：它們可以創造供資能力，為需要的國家和人民做更好的服務，並更有效協助風險管理。這只是多邊開發銀行可提供的眾多金融解決方案中的部分例子。我並不是太過誇大或是太過天真地宣稱，這些機構探索、測試以及重新改造這些領域就可大有斬獲。我主要的思考是關於各種類型的擔保、共同籌資（cofinancing）、分攤損失機制等這些最古老的領域。公家金融在許多方面都擔當責任的主要角色。我們越是調動更多的公家與民間資金，在清楚而透明的框架下將其各自置放在自身的環境或舒適圈裡，我們就越能夠鞏固和催化它們，產生顯著而重大的結果。多邊開發銀行（MDBs）同時也可以和民間行為者合作來建立有效的工具：它們可以帶進它們卓越的信貸評等——這是越來越罕有而珍貴的資產——以及它們的智慧資本和名聲；同時他們也可以承擔其他人因缺乏這些優勢而無法承擔的風險。多邊開發銀行可以做更多的好事，只要它們把自己想像成一個體系——而不只是一些機構的集合體，可以分享工具、統籌研究和分攤風險。它們至少應該先嘗試看看再說！如果失敗，我們就必須辨識錯誤並迅速分析。為了我們所有的人，多邊開發銀行可以、而且必須扮演金融實驗室的角色。

更廣泛地說，對於朝向二〇一五年國際共同體所設定的COP21和永續發展目標（SDGs）的個別及集體的倡議，我們都應該予以鼓勵。透過這些多元化、效應相加相乘、負起社會責任的金融創新，國際體系將建立起最好的新基礎。當我們一旦決心為共同的善而努力，我們的想像力就沒有限制。世界上的金融創新者，一起團結起來吧！過去幾年來各種不同的行為者，前所未見地一起合作。這種特別的承諾與時間和精力的投資，應該加以保護及培育。如我們前面所討論的，國族主義的傾向在世界不同的地方出現，可能導致原本不穩定的全球友好協約分崩離析。確保大家都共同合作，將對所有人都有利。撤回原本的承諾，不論是關於氣候或是貿易規範，都可能危害全球合作和成長。這些互惠的機構和框架並非完美，甚至距離完美可能還遠得很。不過，它們代表了現今讓最重要的參與者上談判桌、讓未得到充分代表的聲音也能被納入的最好機會。這是特別且值得保護的。

第十四章　開發金融疆界的倒退或擴張

全世界所有機構投資者管理的金額總額，很快將達到一百兆美元。想當然耳，他們不可能全部投資負收益的主權債券。為永續發展融資必須有解決方案，這些解決方案不能光靠官方發展援助（ODA）或公家機構獨力的行動。相反地，我們必須離開慣走的老路：動員所有可用的力量，讓最多元的參與者相互聯繫，並利用金融體系（的工具和機構）做為催化劑。多邊開發銀行（MDBs），包括法國開發署（Agence française de développement，簡稱AFD）或是美國的國際開發署（Agency for International Development，簡稱USAID）這類雙邊機構，在這裡都發揮歷史性的作用——只要它們能知道如何自我改造。這些機構在今天由大型慈善組織加以補足。比起他們官僚體系的夥伴，許多慈善組織可以更快速、更準確地因應目標需求運作。這類慈善團體扮演著極有價值的角色，同時也是多邊開發銀行和雙邊機構強大且迫不及待想參與的夥伴。[1]

開發銀行模式：還有效嗎？

對於一個國民生產毛額超過七十五兆美元的全球經濟體，再考慮到機構投資者管理資金很快要達到的一百兆美元，區區幾十億美元真的能帶來什麼不同嗎？

開發銀行的模式是否具相關性已成了被一再提出的問題，無疑地，它也從未被清楚說明過。提到所謂「相關性」，我指的是它的獨特性（沒有其他人可以提供你所提供的）、實用性（確實會帶來不同結果）以及適應性強（用適當的方式在行動）這三者的結合。在我加入世界銀行集團之前，這個問題就有人問過。[2] 如今，我離開它已快兩年了。我還是會聽到。這個想法讓我在二〇一五年忙碌了一整年，因為在阿迪斯阿貝巴、紐約和巴黎的三場會議（在前面第四章已討論過），目的就是要重新界定開發籌資的框架與條款。

有些人可能仍想試著忽視相關性的問題。他們會指出，在七十年來持續擴張下，這個世界已經有深遠的改變，變化程度大到足以證明這個模式的有效性。我們也可以主張在最近成立的新開發銀行（New Development Bank，又稱為 BRICS 開發銀行）以及中國主導的亞洲基礎設施投資銀行（Asian Infrastructure Investment Bank，簡稱 AIIB）確認這個工具依然正確無誤，因為這些新來者對它似乎仍照單全收，只做了少數的調整。模式的相關性經常被合理地提問。然而，它是否相關仍有待時間判斷，同時也需要不斷因應世界的改變而調整。

失去時效性是一種風險，這個風險如今更加明顯。因為在採納千禧年發展目標（MDGs）之前，在一九九〇年代末期最後一次對模式進行重大調整之後，世界已經出現很多變化。前面我們已經用相當篇幅討論過，在本世紀第一個十年間，這個世界經歷了多次的震盪，而這應該已對開發銀行模式造成了一些影響。

新興經濟體的巨大進步改變世界經濟地圖，也帶來一些金融與治理的問題。這些經濟體的需求隨著他們的期待日益複雜，以及對資金的需求增加而產生變化。全球成長的趨緩也顯示這些經濟體相互依存程度加深，連帶產生溢出（spillover）和回溢（spillback）的效應。[3] 因應這些新的現象，我們有必要建構一個全球安全金融網絡，以及更廣泛的風險分攤。這包括開發銀行運作方式的重新調整。

「南方與南方合作」（South-South cooperation）模式在同一時間興起，這讓重新調整變得更加必要。在一九九〇年代，世界銀行獨力承擔半數的多邊開發金融，如今情況已非如此：亞洲基礎設施投資銀行（AIIB）與新開發銀行在二〇一四年的創立，明顯標誌著場上競爭的變化。這是一個積極的改變，因為競爭對整體而言是有利的。在中國多年來被批評只顧自己發展之後，因為競爭而使多變的合作策略得到了強化，而競爭也可以協助解決我們目前還無法獨力處理的一些問題。在需求以數兆美元計的世界裡，每年多增加一百億或是兩百億的資金，為所有人提供一些貢獻的空間。我們沒有必要因為區域和多邊資金新放貸者的出現而感到被冒犯。

私有銀行規範的改變與多邊開發銀行加強跟進之必要

參與開發的行為者另一個結構性的變動，是在全球金融危機之後，銀行在經濟融資的傳統角色出現變化。由於監管規範的改變和市場的期待，商業銀行如今提供長期融資給複雜、高風險、異域的（exotic）投資計畫──換句話說，遠離國內市場和它自然棲地──成本增加、較不具吸引力。這在基礎設施方面尤其明顯，在醫療衛生和教育方面也同樣如此。進行金融行動的能力，如今往往操縱在機構投資者的手中。然而，這些行為者身為經濟體融資的角色雖然日益吃重，但他們仍無法充分在新興經濟體與開發中經濟體中進行投資。我們必須了解，他們並不像銀行那樣運作。他們的利潤率較低。[4]他們在不同國家沒有分行或是僱員，而且大部分情況下，他們並不真正地了解這些經濟體。除此之外，他們也有自己的規範限制（最為人所知的是，歐盟對保險業的清償能力監理制度 Solvency II）。在這種情況下，多邊開發銀行顯然可以在已確認的巨大需求、眾多追求獲利與目標的投資者之間，扮演中間人的角色，確保資金在適當框架下注入具吸引力的專案計畫中，這些專案計畫必定可以創造就業機會並且具備獲利能力。多邊開發銀行應該勇於投入賽局並且扮演私營資金的催化劑，讓它們樂於來加入。

由於私營部門如今已被視為發展的關鍵，多邊開發銀行（MDBs）在這方面的角色也更加清楚。如我們所見，這可能是自二〇〇〇年以及千禧年發展目標（MDGs）被接受以來最大、但也最未被發現的改變。在此同時，雖然公共發展援助金額已經增加近一倍，但是和其他籌資來源如外頭直接投資、資金轉帳以及更一般性「北方到南方」私人投資的金流相比，比例已經開始萎縮。私營的資金絕非「骯髒的」的金融來源，而是不可或缺且應熱烈歡迎的。要牢記，在過去兩個世紀以來，市場提供的資金在工業化國家基礎設施的建設資金占了很大比例，不論由公家或民間運作，整體而言其結果都令人滿意。

我們不該棄置這裡的任何一項資源。國內的政府資源搭配儲蓄，被運用在十九世紀的工業革命上，成了經濟融資的核心，如今應該利用更高、更均衡的稅制來增加。[5]不過，因全球化而得以提供之個人儲蓄的巨大財庫，若能為世界做最有效的運用，不是也同樣重要嗎？此外，我們不能從公部門轉帳創造槓桿效應嗎？在如今從「數十億到數兆」為世界永續發展提供資金的新倡議裡，永續發展目標（SDGs）和COP21目標都要求我們從所有的金融來源和全世界可獲得的人才之中發掘可能性。[6]然而，這些資源必須透過管道傳遞處理，以便於將它提供給合理的計畫使用，創造出包容性的成長和共享的繁榮，並優先讓最窮困的人們獲利。也因此在這裡就有了扮演必要管道的有效「中介」（intermediation）的需要，它利用各種類型的工具來分散風險，而擔保更是其中關鍵的工具。[7]這些工具可能包含了不同的類型（包括關於信貸、外匯和政治風險），同時也是減低風險和為社會目標動員資源最好的的引擎之一。

影響多邊開發銀行（MDBs）最近期的一個變化，是一些全球共同關切的問題如氣候、移民和流行病相關的易損性（fragility）、甚至是男女平權，如今也都在考量之中。這些議題牽涉的問題，甚至可能涵蓋了超越傳統全球公共財的範圍。如我們所見，衝擊人類的自然災害損失，如今以令人驚訝的快速度增加，這讓氣候方面的融資成了一個單獨成立的項目，它有新的產品（例如綠色債券），有新的處理方法（在專案的類型、評等、甚至風險管理等）。易損性（fragility）同樣也是需要典範更替的案例：它需為高風險的計畫動員資金，但同時要發展新的金融工具來降低這些風險。

決定是否要將性別、多元化、少數族裔這類的問題納入金融政策，首先要先認知到思維方式的變化是否過於緩慢。當世界銀行必須和烏干達這類對某些人權議題看法局限的國家合作時，它是否要把人權議題列入援助的考量之中？這麼做會不會重蹈過去受制於一些條件下的覆轍。十五年前，還沒有人真正處理這個問題。如今該是時候了。

在過去十五年間，一套透過性別觀點來處理金融的方式正在緩慢開展，它所依據的概念是：金融有助於提升婦女的社會地位。這是個聰明的想法，特別是在新興與發展中國家，女性每天都在展現自己的決心和倡議。我訪問過中國河南，當地兩個由中國人經營的中小型企業，旨在協助女性創業者更容易取得資金；這中小企業由洛陽銀行負責協助，而提供洛陽銀行資金的則是國際金融公司（IFC），屬於世界銀行的專案的一部分。其中一名創業者經營的是以「新經濟」為主的線上原物料交易平台，另一位則是「宜家家居」（Ikea）的供應商，她帶著我參觀了工廠寬廣的走道，裡頭擺放的是瑞典家居製造商用「洋鬼子名字」命名的商品。這二者的強烈對比令人吃驚，不過這兩位女性創業者同樣具有魅力，也有同樣的創造熱情。

不過，這些全球公共財應該用什麼方式進行，這個問題仍有待處理。多年來，有些人試圖提議設置「全球資金」（global funds），例如教育、森林、或是海洋的基金。這個方法有其優點，特別是在透明度、資金籌措以及部分案例的成效，但是它並未處理所有問題之間的相互依存關係，在這方面，整合較好的金融機構裡應該可以做到令人滿意的回應。我們尚未找出一個完美的平衡點。在所有這些領域裡，在沒有其他人能做到的情況下，開發銀行顯然更具有能力及特別的義務去行動。

重新翻修體系，不變其本質

開發的各個參與者，特別是多邊機構，必須從重大的改變中學習並調整其運作的方式。我們如何在收支報表上建立最大的量？又該用什麼獎勵機制讓它最大化？我們如何確保在緊縮公共預算和公眾對成本效益日益敏感的背景下，資金可以得到具有產能的管理？我們該如何推廣新的金融工具，包括環保金融、災難風險管理以及支持女性創業的工具？我們如何鼓勵多邊機構將私人企業夥伴納入它們的活動？我們如何發展這些銀行的能力來動員機構投資者和他們的中介機構？我們如何能擴展和評估擔保的關鍵工具？關於風險分類的辯論以及世界銀行集團和其他類似機構的籌資，有太多的問題需要認真面對。[8] 對這些問題要如何提供實用的答案，是這些年來我在世界銀行思考的核心。我為其中的成功感到喜悅，也感受過挫折。這同時給了我一個信念：改變是必要而且可行的。這就是底下的部分要討論的。

充分利用可獲得的寶貴公共資金

二〇一三年初加入世界銀行時，我很快就觀察到，對大部分小組而言，二〇〇九～二〇一〇年關於增加捐助資金的辯論，在此時已經結束。這個辯論出現的時間，是在世界銀行做出重大努力，達成了承諾資金四百四十億美元的新紀錄之後，以及回歸每年大約一百五十億美元的較低水平之前，此後，它似乎一直安於低水平之中。在二〇一三年底，儘管國際開發協會（IDA）仍然堅持在二〇三〇年之前消弭貧窮的宏大目標，但是重建這個機構的資源依然仰賴大型捐贈者——特別是歐洲——那日益緊縮的預算資源。整個世界銀行集團，每一年總共的承諾能力估計為五百億美元，外界普遍認為我們不可能做得更多。[9]重新考慮資金規模並不在選項之列。從金融的觀點來看，優先事項是確保銀行對既有的資源做最充分的利用。

對我而言，我初到時腦子裡帶著的是一些簡單的想法。我主要的信念如下：世界銀行集團並非全球開發機構，或者說它不只是如此！它同時也是一家銀行。而這也是世界銀行集團與其他同領域工作者不同之處。它是一家銀行代表什麼意思？首先，它有一份收支報表，也因此有能力預測未來並且運用時間。第二點，它有承擔風險的能力，可以衡量風險並選擇以最好的方式來管理風險。它有各類型市場及相關基礎設施（從評等到掉期協議及再保險合約）

的獲取管道。它有能力籌組和建構夥伴關係。它並不依賴由年度評估所決定的預算支出、或是依賴獲利能力，並保留其建立和發展資金的能力。被稱之為「世界銀行」是了不起的事，如果你想要在這領域工作的話。實在沒有比它更好的名字和品牌！

這些想法對世界銀行集團的各個利害關係人而言，並不是這麼一目了然。正如一名協助我金融改革的同事形容，到這個時候為止，對於世界銀行一般的普遍理解就是「給我錢，好讓我可以用」。[10]我個人過去的詮釋則是「我不知道錢是哪來的，我也不在乎，不過，我知道我的構想很好，而你的工作就是確保我的構想或者我的計畫案資金可以準確到位」。這個機構首先是一家銀行，因此它提供彈性及有趣的機會，並成了國際計畫的關鍵工具，但這種想法尚未被這個體系所完全理解。我相信若以銀行模式來運作，並充分利用它所有的潛能，將會是最有效的方式。如果經濟和金融的環境要求我們重整體系，我們就必須對目前為止既定的財務能力和財務典範做重新考量，但它的本質則應該加以保留。一個開發銀行，在成為任何東西之前，最根本的，它還是一家銀行。這也是讓它具有相關性的關鍵。

因此在世界銀行裡進行的改革，目的既是對傳統方法的重新調整，也是適應全球新環境的嘗試。在我設定的四個目標之中，最基本的是重建金融可行性，以及讓模式可自給自足和具永續性：它同時是能力和可信度的問題。事實上，任何銀行都有義務為了成長而追求獲利。[11]

獲利不分散是資本增加的基礎，資金的增加又反過來發展金融的能力。這個良性循環的運作方式似乎很清楚，但是往往被人們輕忽。相反地，當支出超過營收、資金減少，則將啟動惡性循環，一開始會顯現在實質帳上、隨後則是在名目帳上。在一家銀行裡，總營收（revenue）和收入（income）是相關連的：銀行不像政府有模糊的空間，政府可以把赤字當成一個選項。這同時也是機構的可信度的問題，要每天向公家和私人的合夥人解釋它如何管理他們的財政狀況和調整他們的帳戶。當你以資金或授予的形式接受公家資源的信託，你就有義務要說明這筆錢是以可永續的方式在使用。唯有在所有增加的資金使客戶獲利時，而不是讓面臨壓力的體系受惠時，資金的增加才有必要。管理的責任，就是要確保機構做好自己的功課。

一個實用、獨一無二、適應力強的模式

世界銀行進行的這場改革非常激進，給外界的觀感也是如此。這是這個機構所需要的。事實上，它已普遍預期G20所提出優化多邊開發銀行（MDBs）資產負債表，按長期進度重整架構和發展，而不只是炫耀誰有比較大的資產負債表。

出乎自己的預料，我在訪問中國廈門時突然回想起這些最基本的概念。在一場官方的晚

宴中，福建（中國最繁榮、同時也開放民間資金的省份之一）副省長略帶挖苦地向我舉杯致意：「巴德黑先生，世界銀行非常好，但是如果它是中國的銀行，它只能排第十大；雖然你們叫做『世界銀行』但並沒有那麼大！」

招待我們的主人點出了事實，不過讓我不安的倒不是他指的意思。我回答說：「的確如此，但是別忘了讓一家銀行成長是容易的事：讓它健全的成長比較難。創造很多信貸，做出一大堆貸款是容易的事。困難的是讓借貸者能夠償付。除此之外，資產債務標的規模並不是唯一重要的事。與其他人共事並培養合作的能力也是很重要的——中國的情況正是如此，世界銀行和鄧小平一起合作為中國開拓了許多的發展，特別是……在數字之外，這種無形的現實讓一切變得不同。」

在這個案例中，讓世界銀行變得實用、獨一無二而且適應力強，並且印證它的存在與在這個新時代的角色正當性從何而來？它的相關性將依賴底下幾個因素的適當配合：

- 它的資本與它的知識
- 成為公家/民營並參與各類型夥伴關係的能力
- 它對創新與執行的重視

- 它的開放性
- 它全球向度的全面性槓桿

世界銀行集團並非顧問公司或儲蓄銀行。它同時提供金融（financial）與諮商（consulting）服務。這是它與大部分聯合國的機構不同之處。其他的多邊開發銀行也有相同的特色，儘管不同的機構的金融和諮商的相對比例並不一樣。這預設了世界銀行會最大化地運用它的金融能力，同時遵守評等給予它的限制，並保護它的知識，讓它具有獲利能力，並可以合適、簡單、且吸引人的方式讓所有客戶和同夥人取得。訊息必須不斷更新並且持續讓體系可以取得。

世界銀行集團包括同時擁有公家（public）與民間（private）客戶的不同機構。人們經常說國際金融公司（IFC）是世銀的「民營分支部門」，而國際復興開發銀行（IBRD）是它的「公家分支部門」。這大致上是正確的。不過世界銀行獨一無二之處是，它這兩組的客戶基礎同樣穩固。大部分的多邊開發銀行（MDBs）都將自身定位為公家部門。歐洲復興開發銀行（European Bank fo Reconstruction and Development）大部分專注於民營的部門。在拉丁美洲的美洲開發銀行在它股東的強力支持下，持續擴展它的民營部門，不過目前為止，它們都沒有世界銀行所具備的深度與廣度，去聯合公共與民間力量的潛力。不過，光是這樣的潛力還不夠。問題並不只是一面有民營部門，一面有公家部門，而是在需要的時候，能夠結合這兩者。但儘管近年來取得進展，這樣的結合卻並不是一直都很清晰。也正是因為如此，改革的目標之一是確保與民營行為者的合作是真實、有效率、而且非表面上的。在理解到各個行為者之間仍存在懷疑猜忌的世界裡，一個新的、大膽的做法是必要的。

世界銀行集團具有中心地位，以及把所有行為者召集在一起的能力（它的「號召力」），它具有獨一無二的能力，可以透過各式的聯盟，建構從信託基金到工作小組的所有類型的夥伴關係（partnership）。夥伴關係能夠成功，是基於世界銀行的金融與運作結構，不過更重要的，或許也是因為其團隊的創業精神。它的任務仍舊是把所有這些力量做更好的組織，並根據股東所建議的優先順序來排定任務的優先順序，特別是對銀行能力做更好的建構，和動員第三方所授予的資金，而不被官僚系統所消耗殆盡。

在「後金融危機」的世界裡，開發銀行除了是金融工具之外，同樣也必須是動員工具。它們必須直接運用自己的資金，同時他們也必須間接運用它們的資源，從其他地方，特別是私營投資者處，調動資金。很清楚地，籌措資金是一個優先事項。它提供發聲管道，吸引注意和要求尊重。也正因如此，發展世界銀行參與的能力是重要的事。不過多邊開發銀行（MDBs）在創造槓桿也同樣有重要的角色，在我看來，它是獲得資金與創新產品的唯一方法。

就這點而言，《從數十億到數兆》的報告是一份強力的宣言：「基於我們廣泛的專業知識，多邊開發銀行（MDBs）與國際貨幣基金（IMF）是整個開發共同體的金融驅動者，我們授權給它的商業模式，不只提供了迫切需要的政策建議，同時也扮演了從不同來源調動並獲取資金的催化劑——自傳統的『開發籌資』（development financing）轉向更廣泛也更全球『發展融資』（finance for development）的方式。」[12]

長久以來，大部分的開發銀行都曾調動民間的資金，當任何投資具有指數型的效應可以吸引額外的民間投資的情況下。在任務較特殊的國際金融公司（IFC）裡，調動的資金將透過各種管道來提供償付。[13]不過多邊開發銀行（MDBs）還可以更進一步。它們有特殊的義務去扮演機構投資者的中介人，這些機構投資者如今為經濟體籌資的角色更加重要，多邊開發銀行必須導引它們的資金到更有利的計畫案中。過去數十年來，它們已經證明了，從新興與發展中市場創造實際利潤是可能的。它們可以協助克服風險認知的落差——這是一些行為者如今在某些國家投資卻步的原因。基於它們高品質的評等、它們的工具、它們的信用緩釋擔保（credit mitigation guarantee）、甚至是它們的技術協助，讓它們有低成本的優勢。舉例來說，他們可以透過當地銀行的再融資，以適當管道籌措資金。同時它們可以協助國家發展穩固的監管框架，以及吸引資金流持續成長的商業景氣。[14]它們還可以對資本市場與本地金融市場的發展做出貢獻——這些市場可能代表著國內儲蓄，以及為經濟體提供穩定而可永續之融資來源的機會，這往往是一個國家支持自我發展能力的關鍵。

幫助他人自助

我是把納入最後的槓桿的堅定支持者。如我們的水小組所說：「在新興與發展中國家有許多理由應該鼓勵本地儲蓄和金融市場的成形：建立本地的儲蓄不讓它流至別處，可以鼓勵更好的就業及幫助資源平衡和減低融資的成本。」[15]多邊開發銀行（MDBs）應扮演啟動這個良性循環的重要角色。在本地的資金市場，「經常只存在於初生的胚胎狀態、只處理象徵性的業務，經常只為了融資給財政部的目的，」[16]多邊開發銀行可以利用他們的AAA評等來發行本地貨幣：藉著吸引投資人注意和刺激企業，在本地市場獲得大量的資金並錨定未來的發展，為公司和政府帶來更大的利益。自二〇一一年以來，世界銀行已經發行超過九十億美元的債券，以二十多種貨幣計價，其中首次包括了烏干達先令、泰銖和中國人民幣。在國際金融公司（IFC）的部分，它從二〇〇二年以來發行了十四國貨幣的債券，許多國家都是第一次發行國際債券。它在盧安達發行債券，與其他非洲及亞洲的發展中國家的協商也持續進行中，此外也包括歐洲與拉丁美洲的發展中國家。事實上，不論經濟體的發展程度如何，這些機制都為他們提供機會。舉例來說，讓盧安達的利害關係者能夠購買以盧安達法郎為面值的世界銀行債券，由於銀行的AAA評等，它提供高品質債券的保證。這同時在價格方面（我們知道一個AAA債券的價值有多少，因此可以據以進行投資）以及在信心方面提供市場可見度。另一個例子是在印度，當然它經濟較為先進，但是其貨幣並非可兌換貨幣。當它的經濟在市場陷入混亂的時候，透過發行「海外」的盧比債券，[17]它可以回收印度的儲蓄來投資國家的經濟。這是金融為公共利益服務的實用性上非常具有說服力的例子。

不過多邊開發銀行甚至可以更進一步。目前它們可以運用的工具很有價值，如果能倍增並調整為適合各個國家、各個合夥人、各個投資者的特殊需要，且符合每一個全球性的挑戰，它甚至還可以創造更多價值。它的目標永遠是創造信心。多邊開發銀行多年來扮演著公家與私營部門的橋樑，它可以召集重要發展問題的各種參與者，因此它有責任來指示這個領域的方向。

在變化迅速的世界裡，創新（innovation）是優先必要的。我們已經看出金融在這個領域的創造力。明智使用的工具可以創造金融能力為客戶做更好的服務，甚至可以更有效管理風險。這個開發銀行模式具吸引力的特性往往被忽略或輕忽。在世界銀行領導的改革中，我的優先要務之一，正是強調這個由AAA評等授予銀行的創新的能力——還有數千位高度專業的員工及其動員能力——讓它做更好的調整以符合新的需求和期待。人們往往責怪我是一個「銀行家」；我完全理解這種批評。不過我誠摯地相信一個銀行家也同樣可以做出貢獻，幫助最容易受傷害的人。金融已經清楚展現它摧毀價值的潛能：現在還有時間來顯示它的實用性。

沒有機構像世界銀行和其他多邊開發銀行一樣，具有為全球共同體扮演金融實驗室的能力。要了解它所蘊含的這種力量，你只需要數數看它被廣泛認可的旗艦出版品，或是它的工作小組每天在世界各地組織中無數的研討會和會議。即使如此，世界銀行並非學術機構——它無法、也不應該是：它必須取得適當的平衡。世界銀行不應該是靜態知識的儲存庫：它必須是在金融與開發這兩方面政策新概念的激發者。同時它必須能夠在現實場域中落實（implement）這些概念。世界銀行所擁有超過七十年的經驗是無可取代的，因為落實的能力是最重要的技能，同時需花最長的時間去取得。這需要持續不斷地對抗專業的僵化、食古不化。

開放（openness）的能力，是對抗公民營官僚組織的基本抗體。所有大型組織，當客戶距離太遙遠的時候，都有走向官僚作風、自我退縮的傾向。當高績效的組織資金不足而過度聯結的時候，世界銀行集團必須對外界保持開放，並聆聽經濟的、數位的、學術的領域和其他領域的變化。在如此龐大的集團中，有如此廣泛的人力，也因此它存在著和外界失去聯繫的風險，掀起「我們」對抗著「他們」的賽局。只要確保大部分員工與世界銀行的客戶之間密切的聯結，就可以抑制這類的風險。從這個觀點來看，我認為在華盛頓的總部員工，與在田野實地與客戶聯絡的員工，在人數上實在不成比例。改變不應該是久久才發生一次，而應該是一種心理狀態，並且應該持續不斷地進行。

最後，世界銀行是雙重的全球的（doubly global），這是真正讓它獨一無二，不同於其他開發機構之處。它具有全球性的存在，在全球超過一百個國家有辦公室。這個網絡是個重要的資產，這些資產甚至可以做更好的利用。它的全球行動同時也在於它與全球決策的獲取管道，這提供了許多仍不普遍為人所知的機會。

儘管有一些挑戰，包括一些新當選的政府對多邊主義的懷疑以及越來越多的競爭，世界銀行具備了所有在今日世界維持其相關性的所需成分。不過沒有東西是永遠的：相關性不能視為理所當然。它必須透過上面所述它被賦予的所有成分，日復一日加以驗證。

布列敦森林的奇蹟已經精彩存活超過七十年。它很脆弱，但是它應該能再維持運作幾十年，只要它的模式能一代復一代調整適應，只要銀行能夠汲取其創建者的銀行家直覺中最好的部分，儘管反對多邊主義的壓力持續不斷增加（這應該是適應策略的一部分，而非拆解）。與我們一般設想的正好相反，金融並非機構的副產品，而是執行它終結貧窮任務的最基本成分。

如果有一個地方的金融任務是要拯救世界，那個地方就是世界銀行，以及其他的多邊開發銀行（MDBs）。如果有一個實驗室是要測試重新掌控金錢為共善服務的所有方法，那個實驗室就在世界銀行和其他多邊開發銀行。如我們前面所見，我們不能把它當成理所當然。而且多邊開發銀行不能也不應該自行其是、獨力運作。它們是更廣泛體系中的一部分，它們的興起必須在公部門的承諾、民營的利益和公民社會的行動的合流下加以鼓勵。

第十五章　運用金融凝聚劑

要達成永續發展的狀態，需要有效的治理。我們的水工作小組說：

要了解這個關聯，我們只需記住「永續的」（sustainable）這個字的意思不只是「持久的」（durable），同時也是可接受的、可行的、可存續的、可存活的；簡單來說，它暗示了妥協。永續性（這裡指的是可行得通的）所蘊含的哲學暗示是：只有妥協才是持續不變的。要達成永續，依靠的並不是政策的正確性，而是做出讓步，讓每個參與者放棄一些東西，好讓所有人得到共同利益。[1]

要能夠讓所有人集體獲利，是國際合作的挑戰。這個合作涵蓋世界各個層級，我們所有人都牽涉其中；再也沒有問題是可以獨力解決的。這同時也是再造金融的完整意義：學習（或再次學習）共同合作，這在過去七十年來從沒有像今天這般重要。

在實務上一起合作並不是這般顯而易見的事。所有的人——在公家、私營、或公民部門——將承受一場文化的革命，脫離原本的「簡倉思維」（silo mentality）。這種努力是值得的。金融的工具可以幫助我們。它可以帶來一些初期的成功，讓不同的組成分子接納共同合作的方式，同時，重要的是，讓彼此尊重個別的目的與目標。

沒有百分之百公家或百分之百私人的籌資

在二〇一五年永續發展目標（SDGs）、開發金融和氣候金融所聚集的動能，顯示出全球共同體已經覺醒，並了解到在最複雜且重要的計畫中協調合作的必要。來自社會各個層面，由政府以及公民社會，金融參與者、跨國企業、中小型企業、消費者、儲蓄戶以及多邊組織等提供的動能，展現了團結這股力量的可能性。

在我們朝著二〇三〇年的目標努力的時刻，我們必須讓這股動能在實施階段維持不墜。就目前的情況而言，特別是國族主義和民粹主義崛起的狀況下，並非一切都確保無虞。不過有件事是確定的：不管是貧窮、教育、醫療健保、基礎設施、或是氣候變遷，沒有任何一個永續發展目標可以透過百分之百公家或是百分之百私人的籌資來達成。這些問題沒有一個可以光靠公家、私人、或是公民行動解決。要努力達成包容性成長、要讓茅利塔尼亞這類國家脫離「鐵的詛咒」——過度依賴單一的資源——並藉由發展漁業等資源讓它們的經濟更加多元，就需要同一個路徑中所有參與者的投入。這是一個從本地到全球，一個包含了世界各個層級的多層級路徑。

政府的主要責任

不過在這場運動中，政府必須是主要的參與者。《從數十億到數兆》的報告中說：「國家必須坐在駕駛座上，領導發展的過程和營造培養、支持的環境。」國家的領導，與地區的、各大洲的和全球的領導一樣，是將國家推向發展可行路徑的關鍵。

一個有效領導的案例，是象牙海岸目前正經歷的經濟復甦，這是非洲現代史中最有趣的例子之一。經歷一九六〇年代和一九七〇年代費利克斯・烏弗埃－博瓦尼（Félix Houphouët-Boigny，綽號「可可亞王」）主政時期創造的「象牙海岸奇蹟」之後，這個國家陷入漫長而痛苦的內戰。過去幾十年來累積的成果幾乎耗損殆盡。不過自從阿拉薩內・瓦塔拉（Alassane Ouattara）在二〇一一年當選總統，並在二〇一五年第一回合大選確認連任之後，已帶來了新生的希望。瓦塔拉總統與他過去的總理兼現在的副總統丹尼爾・卡布蘭・鄧肯（Daniel Kablan Duncan）是一對我所見過最能激勵人心的搭檔。這兩人能夠依照未來的長期願景來打造他們的政策（這個願景是讓象牙海岸在十年之內成為新興經濟體），同時對國際的運作機制與本地的實際狀況都有深刻認識。這個經過整合、任務分明、有自信的領導階層，他們既強勢又積極，既謙卑又充滿雄心，又能掌握世界其他地區的脈動，為這個國家的重建做出重大貢獻。不管是在政治計畫上所進行的國家和解（儘管過程尚未完全落實），配合軍隊改革的國內安全、人權議題、打擊貪汙、或是改革咖啡－可可亞補助政策的經濟計畫、或是基礎設施的重建，成果都是明顯可感受到的：象牙海岸連續五年都維持將近9％的經濟成長。每一次我奉派到阿必尚出差，象牙海岸首都的轉變都令我感到吃驚。儘管一切顯然尚未大功告成，象牙海岸仍有許多待解決的經濟和政治議題，但是它的進展卻是令人印象無比深刻。

哥倫比亞則是另一個例子，這要歸功於新上任的當前領導團隊（包括聰明睿智的財政部長毛里西奧・卡德納斯・聖塔瑪利亞（Mauricio Cárdenas Santamaría）、環保運動健將珊卓・貝蘇多（Sandra Bessudo），這兩人我很榮幸與他們建立了良好的友誼。）。哥倫比亞是我有機會研究過的、最複雜有趣的國家之一。儘管出自法國人的偏見，它總會讓我聯想到曾綁架英格麗特・貝當古（Ingrid Betancourt）的哥倫比亞革命軍（Revolutionary Armed Forces of Colombia，簡稱FARC）以及走私毒品的國家。它的總統胡安・曼努埃爾・桑托斯（Juan Manuel Santos）獲頒諾貝爾和平獎絲毫不令人意外。哥倫比亞如今也是最全面計畫落實永續發展目標（SDGs）的國家之一。

政府不可能全部都靠自己

但是我們不能期待政府做全部的事。我們不能讓已經有沈重負債的政府，承擔起打造所有實體的、社會的、甚至是金融的基礎設施的全部責任。我們地球永續發展的未來需要我們同時也一起動員私人的資金，不管這指的是本地的儲蓄、各種類型的投資、或移民匯款，並利用這筆資金操作，以健全而永續的方式來籌募補充資金。

同樣地，我們也不能期待市場做所有的工作。如我們的水工作小組說的：

〔市場〕風險，在全然由可獲利性引導下，〔忽視〕永遠是最基本的人性需求。有許多領域是市場永遠也到達不了的。在這些部分……我們必須找尋最佳來源以取得先進經濟體已經承諾做為公共開發援助的預算資源，以及我們過去五十多年來在全球計畫中，以及近期在歐洲中已經到位的強大合作工具。……話雖如此，我們也不能把公家資金的運用，局限在填補私人部門不敢涉入部分的缺口。更好的做法是，以儘可能嫻熟的方法，創造出可做為催化劑的強大槓桿：一百個單位的民間資金加上五十單位的公家資金，可以為受益者創造出超過一百五十單位的好處。[2]

不過重要的是，這個公部門的努力「不只讓其他行為者不至免除或是減少他們的貢獻，甚至更好的，它反而扮演著強力的催化劑。因此，重點在於運用這個援助來促進補助，而非取代補助，避免因著完全透過補貼方式來提供這些計畫或專案的資金，而有消滅本地倡議的風險。」[3]

簡單來說，永續發展目標（SDGs）和COP21目標需要去抓取世界上所有可能獲取的金融來源，並藉以促成各類參與者的合作。

痛苦但是可獲利的：動員金融的新方法

不消說，說比做更容易。讓有利害關係及文化衝突的參與者一起工作是件複雜的事。同樣麻煩的是〔解除〕同時使用公家開發援助和私人資金這個未明言的限制。對於這種方式存在著一種古老的恐懼，認為它會帶來某種因獲利造成的汙染，汙染到原本公部門純潔、無瑕的運作。」[4]這種偏見聽來或許滑稽，但它帶來的危害卻不容忽視，就和私人機構對公部門緩慢而官僚、不可靠且貪腐的懷疑，或是公民社會對這三角關係中的另外二者所持的懷疑一樣，同樣都不容忽視。目前存在的信心危機更惡化了這種相互的、歷史性的互不信任。

如果要跨越這種互不信任，我們必須正面迎接這些困難，並且理解文化適應的必要性。這些利害的衝突可能是真實的，公部門與公民社會的任務和目標與私人企業並不一樣。我們必須找到具體的解決方案——比如碳價的問題，讓各方可以彼此妥協。我們也必須承認到這三角形當中沒有一個頂點是真理的守護者，或是有義務為了更加理解各方的期待而必定要從其他人的觀點來看待情勢。同時，我們不該認定會製造問題的只有發展中國家——許多人認為它們充滿貪腐。只需看看你周遭：你認為哪一國是全世界「最可敬的」國家？一般而言，答案是挪威、瑞士、新加坡。不過挪威最近被揭露一個「公家私營夥伴關係」（public–private partnership，也稱 PPP）的天然氣運輸計畫的重大違約（例如它的關稅由政府改變）。相對之下，塞內加爾則能成功完成首都達卡到機場的鐵路計畫，它是與世界銀行合作，被視為利用公共私營夥伴關係的典範，且如今更進一步擴大中。這個世界並不是截然二分為在「北方國家」成功的 PPP，和在「南方國家」失敗的 PPP。實際情況要複雜許多。當美國正在考慮運用 PPP 策略大力推動基礎設施翻修的時刻，我們必須要牢記這一點。在這些高度政治性且敏感的計畫中，相互妥協就是一切：公共民營合作的要求可能嚴苛且耗費心力。換句話說，它可能是痛苦的。

不過這類合作引發的諸多問題不應該成為我們不作為的藉口，這種話我已經聽得太多，多到不能輕忽。同時，我們也不應該為了公共私營合夥關係而建立一個新的華盛頓共識（Washington Consensus），然後要求每個案例一體施行，因為它往往未必適用於每個案例。PPP 不可能被當成另一個解決所有問題的萬靈丹。不過我們必須要能從許多複雜的案例中看出合作的好處，這些案例中夥伴關係可以推動議題向前。合作可能是痛苦的，但它是可獲利的！

這些計畫案要求我們找到正確的規範、適當的工具以及化解衝突的合適場域。我們應該透過合作論壇（公家的、私營的、與公民社會的機構一同參與研究如何改善合作關係的會議），維繫協調合作的能力。最重要的是，雙方必須接受運用我稱為「P4C」（painful but profitable public–private cooperation，「痛苦但可獲利的公共私營合作」）多向度方法的訓練，因為這是對未來開發最有前途的道路之一。讓我相當感到安慰的是看到了「大規模線上開放課程」（massive open online course）（或稱為「慕課」（MOOC），一個免費的線上教育課程）在二〇一五年第一次由世界銀行集團開授PPP的課程，就出現了創紀錄的註冊人數（近三萬人，來自超過一百個國家將）。5

方法的問題

最近數十年有一個落差正在擴大，特別是在金融危機發生以及揭密者揭露之後，這是個介於一般大眾與菁英分子之間、公民與政府之間、消費者與企業之間，如大衛與歌利亞的落差。

不過我們仍有機會修補，只要我們能掙脫過去的「開明專制」——也就是把信念放在一些得天獨厚的人們身上，鄙視一般普通人，並分而治之。我在水工作小組以及透過國際金融創新以促進團結的工作經驗教導了我，即使是差異最大的人們之間也可以相互對話，最分歧的利害關係也可以達成和解，而最複雜的問題也可以解決。我們需要的只是⑴我們面對的挑戰足夠重大、或是足夠鼓舞人心，能豐富我們的智識和善意；⑵所有的人同意抱持誠意一同上談判桌共同談論；⑶個別的意見和期待在團隊裡得以表達、認知、並得到解釋；⑷時間表可以進行調整和達成共識。

與二十名水專家破冰

我已描述在經過十五個月的討論之後，我們的水工作小組提出的超過八十個為所有人獲取水的籌資管道：參與討論的人們一開始彼此完全對立（第一次會議不只氣氛很冷——根本就是如冰川凍結），最後對基本問題得到了共同理解。我們必須感謝康德蘇的聰明睿智促成這個成果，他讓我們了解如何透過承諾、解釋、誠實、前後一致、相互尊重、好奇心、創意、善意以及誠意，落實協商的方法。

無異議地支持一個原本沒有人喜歡的稅

採用「蘭多報告」是測試這個方法應用的一次嘗試。席哈克總統在他民調最高的時刻（特別是由於他反對伊拉克戰爭），希望在八大工業國高峰會於法國埃維昂舉行之前，分批接見企業老闆、工會和公民團體；四月三十日接待的是公民團體；所有主要的法國和國際的非政府組織（NGOs）齊聚艾麗榭宮：國際特赦組織、綠色和平、課徵交易稅以協助公民組織（ATTAC）、無疆界醫師以及其他。這個會議的時間安排在傍晚，一般認為其目的是不要在長週末讓會議延續到深夜。會議不只是氣氛良好，同時也充滿了希望和驕傲。在兩個半月之前，多米尼克．德．維爾潘（Dominique de Villepin，時任法國外長）剛在聯合國發表了演說。[6] 每個非政府組織輪流上台，讓總統能注意到他們的工作主題以及希望在G8會議上被幫忙處理的問題；其中包括了水、生態多元性、身心障礙者、人權、女權以及兒童權利。

來自課徵交易稅以協助公民組織（ATTAC）的代表是最後發言者之一：「總統先生，你了解我們的強烈信念，我們也希望你能制定國際金融交易稅來為發展融資。」

席哈克回應說：「你猜我怎麼想？我不支持這個稅……。不過你提出了真正的問題：我們必須找出為全球團結融資的方法。我們會有所作為，而且我也會把你們包括進來。」

這個會議即將結束，或者說是更像是慢慢地解散，不少人悄悄離去準備要度過他們的週末（很顯然它的重要程度要更重於法國總統的議題！）。首席外交顧問兼G8峰會聯絡人顧山（Maurice Gourdault-Montagne）詢問總統：「但是，我們要怎麼做？」總統對ATTAC的承諾完全出乎大家預期。

「把它整理一下，莫里斯（顧山），我來發動這個理念。」

顧山隨後轉向了負責全球化的顧問波納封（Jérôme Bonnafont）和我，他說：「該輪到你們了，孩子們。」

最後的結果就是由我向談判桌上各個領域、不同專業、利害關係多元的專家們提議，以找出對基本問題合理的解決方案。由蘭多所領導的工作小組，組成人員包括來自ATTAC、法國發展署（AFD）、樂施會（Oxfam）、國際貨幣基金、資方團體、財政部以及大型企業的經理人。[7]這些與會人員事前對於課稅的想法並無共識——尤其是英國人認為這完全是法國式的想法。而且，光是關於構想要對什麼東西課稅，就花了六個月的時間。不過在最後，這個方法奏效了：蘭多委員會的成員們無異議地支持最後的報告，並全數參加記者會，提出這個很可能是二十一世紀最充滿希望的金融創新：針對在不同國家的一項產品或服務徵收一筆小額稅——由於它可觀的數量，可以協助動員重大的資源為全球公共財提供融資。

康德蘇與我在二〇〇五年都有類似的經驗，我們當時正在主編由當時法國經濟、財政兼工業部長薩克吉委任的報告：「警醒——法國的新擴張」（Le sursaut-Vers une nouvelle croissance pour la France；英文版：The wake-up call-a new French expansion）。[8]我們的工作小組被賦予的任務是「致力為法國民眾與他們的民意代表們，釐清鼓勵成長的未來經濟與預算選項」。我召集其他來自學院、非政府組織、企業和工會的其他專家們進行會談。一開始，取得共識似乎機會渺茫，不過與會者花了許多時間共商，試圖找出最好的意見，結合力量，並且彼此詢問：「我知道你來自什麼背景，你自己會如何處理這個議題？」最後我們有了明確的結果。我目前與戈登．布朗討論教育，以及與尚．陶德談道路安全，都是秉持同樣的精神。我們要如何動員資源來為這些共善提供融資？

改革世界銀行：歡樂、驕傲、與挫折

二〇一三～二〇一五年之間在世界銀行進行的金融改革，讓我進一步完善這個方法，我所遭遇到的抗拒讓我獲得一些心得。第一個也是最重要的心得是，當我們強力推動改變，我們首先必須有一套計畫——一個可信的計畫和一套有最後期限的時間表。只有在這樣的情況下（有可信度），人們才會準備信任你。你絕不能喪失這種團隊觀點。如果一個改革是透過妥協來進行，這個妥協同時會帶來許多有利點和不利點，如果不能在心裡牢記它的全貌，你就可能錯失你的目標。這並不是說協商是不可能的，而是說協商必須掌握整體的平衡。第二個心得是當時效上有急切性的時候，最好要放棄特定一方認為不可接受的主張，繼續朝下一個議題前進，而不是繼續沒完沒了的討論。第三個心得是你必須確保所有參與者理解改革的特別之處，同時讓每一方理解反對方的觀點。你必須努力釐清模稜兩可的曖昧不明之處，而不要把每個人的理解視為理所當然。在世界銀行改革的例子裡，我可能過度高估一般人對世界銀行模式的理解，以及參與者的金融知識的理解程度。我們應該花更多時間來解釋為什麼，而不是光解釋怎麼做——對這些問題我們說的可能仍嫌不夠多。有時候太囉嗦也是個好事！最後，我也學會留一點空間給夢想和熱情，這正是創新的角色。不過你也必須能夠很快地展現成果。

基於這個精神，我與兩名主教，以及俗稱梵蒂岡銀行的「宗教事務銀行」（Institute for the Works of Religion）的董事德．法蘭蘇（Jean-Baptiste de Franssu）有一場充滿啟發而且令人驚喜的對話。我們發現我們各自機構的金融有許多相似之處，不僅如此，梵蒂岡教廷與世界銀行也有共通之處，它們都正經歷改革的時期：它們與全球性機構有同樣的複雜性，存在著溝通和共享目標的問題，諸如此類。在對話之前，我絕對不敢對二者做這樣的類比。

這些組織，特別是多邊開發銀行，往往被誤認為是不透明、祕密的團體。真相是它們往往受困於官僚體系，往往不定時地被賦予新的官僚外衣，卻來不及去除掉老舊、失效的政策和程序。它們往往需要體系的震盪，同時重新活化驅動他們的資源。當這些要素恰當地就位，就可能出現非凡的結果。

第十六章　原則落實於行動

開發銀行除了在文化適應上還有待邁開大步向前努力，它們對於推動「P4C」（痛苦但可獲利的公共私營合作）的合作方式，以及協助去除公家與私營之間對彼此疑慮，也得扮演重要角色。就我的觀點來看，它們必須在全球開發金融中，扮演類似樂團指揮家的角色。如前面說過的，私有部門的發展以及與這些參與者的合作，必須成為多邊開發銀行運作模式的核心，而在融資和資本動員之外，我們還需要真誠的承諾。

多邊開發銀行扮演引擎的角色

多邊開發銀行（MDBs）只能提供整個計畫案小部分的融資，其他則是靠聯合投資（syndication）和其他集體籌資架構來動員補充投資者。[1]這種金融允諾，以及它的架構、建議和相伴隨的風險分配，必須能夠集合額外籌資來源，並在未知的領域或是瀕危的環境裡，以顯著的表現吸引新的計畫案和新的投資者。不過，市場的流通性可以讓這個機制提供更多助益。民間投資者通常會告訴我，他們期待多邊開發銀行除了傳統分攤風險工具之外，能提供他們三件事：(1)為他們量身定做，排好優先順序的計畫案；(2)按照最嚴格的標準落實執行計畫，因為沒有投資者希望自己的名聲因此受到危害；(3)在執行計畫案階段，與公部門潛在衝突的管理能力。

從數十億到數兆：如何坐言起行

多邊開發銀行掌握了信息。在《從數十億到數兆》的報告裡，多邊開發銀行承諾加倍努力地透過他們的計畫準備融通資金（project preparation facility）「為來自民營部門的投資者打造可行且具吸引力之計畫項目的儲備」。他們同時也打算彼此協作，

以找出民間部門更有系統地而非逐案考慮地動員活動和投資管道：(1)藉由個別或共同機制提供擔保、風險保險、混合籌資以及其他分攤風險方式（例如，結構性融資），來探索管理風險的有效解決方案；(2)探索在國家、地區、或多邊層級建構共同機制或是共同投資平台

的可能性，以減少個別投資者在計畫準備和執行的成本；(3)提供信貸增量，允許與官方機構分攤風險。[2]

多邊開發銀行同時也可以簡化並標準化他們的運營。在每次計畫專案之後，系統常常要重頭來過，而且每個人都想推銷自己的工具，這導致整個系統過多的財務和行政成本。它也常常會限制民間投資者只能擔任輔助或是備用的角色，即使他們參與計畫案的程度與其他參與者並無兩樣。民間投資者應該從一開始就參與，而開發銀行則必須了解它們必須努力促成這一點，因為有時候需要填補的落差，是在文化上而非預算上。我們不能夠只在最後一刻才想起民間的參與者，又期待他們接受在這之前已經協議好的一切。

基礎設施金融案例

這裡談論的是「全球基礎設施基金」（Global Infrastructure Facility，簡稱 GIF）成立背後的調整適應過程。這個平台：

協調和整合的倡議來自多邊開發銀行，也來自私營部門的投資者與資金支持者，以及對新興市場和發展中經濟體基礎設施投資有興趣的國家——支持無法由單一機構籌資之複雜計畫案的合作和集體行動。光是已經加入平台的私營部門合夥人就管理了超過十二兆美元的資產，目的是透過反應風險分配的可獲利投資進行分散多元的投資。透過打造全球永續開發投資計畫的儲備，以滿足使用者需求和投資者的喜好，全球基礎設施基金（GIF）有可能釋放數十億美元來推動發展中國家的基礎設施。[3]

在發展中國家，基礎設施的挑戰不僅僅在於資金的取得；同時也在矯正缺乏可行性方案的投資。

全球基礎設施基金（GIF）於二〇一五年營運，初始資本一億美元。前三年是它的試營運階段，在這段期間平台的概念、它的活動以及它的夥伴模式都將進行測試。在這個階段，它至少會支持十到十二個計畫案的支持活動，這讓我們得以檢測這個模式在各種不同產業部門、地理區域、國家環境以及各種計畫案類型的情況。在此同時，一個未來有彈性金融窗口的概念，將會改進及測試動員所需要的補充資源。[4]

所有要素都齊備了：政府、多邊開發銀行以及民間投資者三者之間清楚的合作關係，以實際執行為目標的實際計畫案，一個容許後續調整的測試階段，以及根據每位參與者能力和偏好進行各種角色的分配。

迎接基礎設施挑戰的集體動能，其彌足珍貴之處在於，在財務、預算和結構政策似乎已無法刺激成長的背景環境下，基礎設施的投資將成為經濟政策的支柱，以及在短期內創造穩定就業、增加長期成長可能性的關鍵。全球基礎設施基金（GIF）相對於全球基礎設施數十億美元計的需求似乎很不起眼，但它的潛力可以放大並且連結到其他相關的倡議——像是G20在二〇一四年創立的全球基礎設施中心（Global Infrastructure Hub）、[5]「非洲新夥伴發展計畫」為準備基礎設施計畫案的籌資機制，或是我自二〇一六年開始主持的永續發展投資平台（Sustainable Development Investment Platform）。[6]其概念是要展示參與者的投資、布局以及協調的選項，藉以開展基礎設施計畫案的能力，並創造新的生態系統；在維持多邊開發銀行籌資主要角色的同時，同時部署大規模的動員工作。

創造投資生態系的挑戰，遠超過了為基礎設施籌資的問題。開發銀行可以協助多邊組織發展可獲利的測試計畫案，並用更有組織的方式創造共享的價值，例如可口可樂在巴西的創新倡議"Coletivo"（葡文意為「共同的」）[7]，藉由在其他地方複製倡議來創造巨大效應並取得發展的可見成效。同樣的這種精神也帶動了「達能共同體計畫」（Danone Communities project），這個社會企業網絡（social business network）以減少貧窮與營養不良為目標。[8]就實務角度而言，多邊開發銀行可以在這些創新公司與負社會責任的股東之間、慈善組織與在基層運作的非政府組織之間建立關係。這個「擴大規模為善」（scale for good）的原則，也就是進行大規模的影響力投資，將創造一個可以改變世界的嶄新全球化金融體系，這在我看來似乎充滿了希望。這個良性的機制依賴P4C的理念，我本人也是投注最多個人及專業上的心力在這個目標之上：為正面的目的動員全球民間儲蓄，同時兼顧投資者的獲利期待。一名大型保險公司的主管最近告訴我，以負利率收購德國債，對德國人或是對他的客戶都沒有好處，同樣地它對世界也沒有好處；如果他能在好的條件下投資在祕魯或是印度的住宅、醫療健保或是農業，「那顯然在各個層面都會很有用處！」

我們也可以鼓勵類似「永續銀行網絡」（Sustainable Banking Network）的網絡，它成立於二〇一二年，由國際金融公司（IFC）為首：這個全球獨特的共同體聚集金融部門的監管機構及新興市場的銀行組織，透過促進集體學習國際最佳實作案例和以及在會員國建立先期試驗計畫，用以推動可永續的金融。[9]

在共識可能動搖的時刻為對抗氣候變遷行動融資

另一個極需要合作，而開發銀行也可扮演重要角色的重大全球挑戰是：為對抗氣候變遷而努力提供融資。多邊開發銀行被期待著去協助將政府資源及官方開發援助（ODA）轉型為更大型的民間投資，以用來支持低碳、具韌性的經濟。[10] 同樣地，在這裡它們必須共同合作並以互補的方式進行最有效率的工作，他們的身分可能是全球環境基金（Global Environment Fund，簡稱 GEF）、氣候投資基金（Climate Investment Fund）和綠色氣候基金（Green Climate Fund）的行政人員；或是我的前同事瑞秋・凱特（Rachel Kyte）主持的「所有人的永續能源」（Sustainable Energy for All）這類全球倡議的合夥人；並且透過和諧、透明、嚴謹的方式，遵循支持氣候與提供融資的措施。世界銀行也與其他機構一同致力於協助國際共同體制定碳稅，而不參與任何特定的激勵措施（碳市場、碳稅、或是碳的標準）；在每個國家，以及在每個中央和城市的政府，最佳做法都是依當地環境而定。不過，在巴黎氣候協定之後，世界銀行創立了碳定價領導聯盟，針對這主題集合全球公家與民營部門。還有另一個例子，市場預備夥伴計畫（Partnership for Market Readiness）是一個全球規模的、多捐助方提供的信託基金，它支持集體的創新和測試碳稅的各種工具；從中國到摩洛哥在內的許多國家，都受益於這個組織個別化的支持。我們必須支持這類的倡議並鼓勵更強力的協調運作，特別是在氣候變遷的共識正面臨威脅的此刻。

這些充滿各種字頭縮寫字的複雜名稱其實毫不重要。若不是這些名詞清楚代表對氣候變遷的立場，它們只會令你發笑。我的用意自然不是要提供你們一份詳盡完整的參與名單，或是獨斷地強調這個或是那個倡議。相反地，我想強調眾人對這個議題所花費的心力。這並不是突發奇想或是宗教的禱告。這是一個正在行動的世界。

P4C，有目的性的經濟的關鍵

除了迎接基礎設施和氣候的挑戰，以及幫助發展中國家，還有許多議題都可以透過夥伴策略來獲益。如果我們能夠把 P4C 當成神奇祕方在全球散布，一些複雜的議題將因為致力於建立痛苦但是可獲利的公家私營合作關係而得利。

道路安全

道路安全同時需要立法（我們需要法律禁止駕駛超速、酒駕、或是開車使用手機）、執法（我們需要警察和雷達偵測）、教育宣導（我們必須為公民宣導交通法規、良好駕車習慣以及潛藏危險的行為）、還有基礎設施建設（我們需要鋪設和維修良好的道路）。公部門處理這個多面向的議題沒有辦法面面俱到。他們必須讓所有人一起參與，由民間企業開始做起。我們得知可口可樂在全球擁有超過十萬部的運輸車輛，我們可看出如此規模的跨國企業在道路安全上扮演一定的角色。這並不只是找出創新籌資方法的問題：要成功，唯有靠有效結盟，才能夠以全球規模來處理這個議題。

全球健康醫療

醫療照顧與人道援助也可從創新的金融合作而獲利。全球金融基金（Global Financing Facility，簡稱 GFF）創辦的目的是要支持一個深得我心的倡議「每個婦女、每個兒童」（Every Woman, Every Child）。這個夥伴關係在聯合國祕書長支持下，結合加拿大、挪威、比爾與米蘭達蓋茲基金會以及其他夥伴的努力。它探索新的融資方式，透過可永續的方式連結國外與國內的金融資源，在二〇三〇年之前消除母親、新生兒、嬰孩與孩童可避免的死亡問題，並改善這些婦女和孩童的醫療、營養與生命品質。雖然五年投資計畫仍舊在各國政府的控管之下，不過國際金融基金的設置，讓我們得以在事前確保在一個特定期間內其資金的匯入。大約需要調動二十六億美元才能讓全球金融基金（GFF）提供初始的援助給六十三個合於標準的國家，當中包括衣索比亞、肯亞、剛果民主共和國以及坦尚尼亞。這個基金讓我們得以槓桿操作公家和民營資金給「生育、孕產婦、新生兒、兒童和青少年健康計畫」。由於夥伴關係的形式和預想工具的彈性，讓它成了一個創新的策略。

教育

在教育的籌資上我們遵循相同的邏輯。在醫療衛生與教育方面，目標是建立計畫和設定國家的優先工作，列出它們可運用的所有公家或私營的慈善金融工具，以辨識有哪些地方吻合，避免彼此重複和競爭，並聯結努力和成效之間的關聯性，同時準備在一開始嘗試不成功時儘快調整目標。教育不能夠全靠國家的教育計畫，同時必須動員各種公家與私營的架構，以及實體和虛擬的教育途徑。舉例來說，我們不能忽略像慕課（MOOCs）或可汗學院（Khan Academy）這類現代的教學媒體資產，它們提供所有人獲取知識的機會。和醫療衛生一樣，教育是複雜的主題，它帶來重大的社會回報（一個受過教育、健康的人口可以做得更好而且更久），但是它的經濟利益卻不是可立即衡量的。因此，我們的構想是由政府從自願的國家中採樣，以進行具有雄心的目標（例如有品質的全民初等教育）。另一方面，我們會尋求捐助國的援助、私有資金提供資助，以及動員世界銀行這類的國際組織，將這些國家計畫轉化為行動。這是以結果為基準的籌資其背後之理念：把錢聯結到結果。接著讓各種不同的行為者到談判桌上，讓我們可以協議以共同資金提供一些國家高品質的教育。這正是國際教育金融基金（IFFEd）的目的，它由戈登．布朗所領導，而我從它的孕育之初就參與其中。它在二〇一七年七月在漢堡的 G20會議中被提出，在二〇一八年應該會進行更細節的討論。

難民

為發展夥伴關係融資以協助中東難民的一些努力正在進行中。如果所有資金來源都被用來處理這個需求，約旦和黎巴嫩這些國家將無法得到最低成本的貸款，因為它們並不被歸類為發展中國家。我所提出的一個想法是，利用世界銀行和其他多邊機構的資產負債表，來請求G7或是波灣合作理事會（Gulf Cooperation Council）這類成員國家以調降利率來「補助」這類貸款，甚至更好的是，提供直接投資的抵押。不論如何，提供資金意味著讓國家的私營及公家部門與多邊組織一起攜手合作，以迎接一些往往因為缺乏合作而產生的挑戰。

流行病

P4C的策略可扮演決定性角色的另一個例子是預防流行病。如果在伊波拉疫情最嚴重的時刻採用這個邏輯，我們或許可以挽救許多生命，並限制伊波拉病毒在幾內亞、賴比瑞亞和獅子山造成的嚴重損害。這場危機管理不善。我們錯過了時機，資金也太晚調動。雖然保險機制的設立是必要的回應做法，讓這類傳染病事件發生時可以快速釋出資金，但光是靠它本身還不夠快。在實地我們需要合作的策略。在伊波拉的案例中，我們缺乏衛生用品。聯合利華（Unilever）可以很容易地分送肥皂。我們缺少衛星電話，沃達豐（Vodafone）可以負責提供。我們缺少飛機，優比速（UPS）和聯邦快遞（FedEx）可以幫忙。我們沒有想到，或者是太晚想到要找這些已經在當地紮根、且擁有必要的產品及派送管道的行為者尋求幫忙。公家部門不會想當然耳地在有需要時，請求私營部門協助。這豈不是太浪費了！不過，如果我們不用每次危機發生時都重來一次，而是建立一個集體的、系統性的、橫向的反射反應機制豈不是更好？到目前為止，關於醫療，我們針對每一種個別的疾病已經有一個縱向的理解。但伊波拉危機說出這種概念的局限：因為不是每個村落都有一個護士或社區衛生工作人員，所以我們無法設置醫療的監測站，我們對傳染病的偵測速度太慢了。不過，我們也了解到，在討論衛生醫療時，我們不得不討論到關於教育、交通、通訊這類的體系的想法。這些想法是我過去推動，如今這是我身為國際治理、公家私營合作與永續發展全球未來委員會（Global Future Council on International Governance, Public–Private Cooperation and Sustainable Development）的共同主席持續鼓吹的想法，這個機構是籌辦達沃斯高峰會的世界經濟論壇框架下的組織。我們設定一個場域，讓我們可以分享關於合作努力的故事和心得。對抗流行病的最佳防禦是一個橫向的、經整合的、相互協調合作的醫療體系，這目前還尚待發展。

推廣去中心化的合作

伊波拉的案例說明了，在許多議題上往往早已有各種網絡、倡議和行為者在各自領域中努力，而一些議題上透過合作，我們可得到豐碩成果。

水是其中之一。我們的工作小組了解、或者應該說重新發現水雖然是全球性的問題，一開始同時也最重要的，它是一個在地的問題：

水是地域性的資源。以水源來看，我們在形成國家之前先是一個河流的盆地。最重要的是，水是由當地所管理。與水相關的服務是在地的服務。不論在何處，水的最終責任都是交給市政府或是分配至鄉村的社區。因此，我們必須基於這樣的實情展開行動，同時我們必須對這情況給予更多的關注。我們必須要了解這是關於治理的問題，更甚於錢的問題。[11]

如果你翻轉觀點，從改善治理的角度來進行，那麼你就可以找出應付全部挑戰的需要資金。這預設了：

將「在地的」置於體系的核心，這意思是從實地開始組織治理，更能貼近於城市的需求及鄉村婦女；從河流盆地一直到聯合國，而非反其道而行⋯⋯。就金融上而言，這並不表示一筆全球資金在世界各地分灑雨露——結果可能在過程中消散蒸發。而是透過提供適當的資金給市政府、村落和專案計畫本身，並依賴有活力的本地儲蓄，對特定的水風險投資提供特定的保護措施。[12]

因此，對於國家的、大規模的、無效率的中央式合作，我們必須「在沒有從後者去除任何東西的情況下，(加入)一個去中心化的合作，聯結眾多在最小層級的共同體：城市與鄉村、運動和意見的宣導。」[13]宗教的團體，不論是基督教、佛教、猶太教或伊斯蘭教，只要他們願意負責管理做禮拜的中心、學校、醫院或是工藝的機構，都可在實地扮演凝聚、中介和協調的重要角色。我們對他們的忽視不只帶來損失，甚至更糟的可能妨礙他們的努力。

這個多元的、去中心的合作，雖然在自身層級金融的重要性較低，不過它可能更有效率，有著「一個重大的優點，可以在各個公民社會之間創造個人的、生活的以及造福彼此的聯結。」[14]在貧困地區，居民往往覺得自己被政府當局遺棄，這種在地的、積極力量的動員，是在地非政府組織的明顯特色，對於運作的成功也是不可或缺的資產：「一個企業的到來，不論它的性質為何，目標是執行某個未曾和本地人討論過的類型、地點和一定數量的工作，這理所當然會引發恐懼和原則性的反對。一個在地的，有活力的非政府組織可以解決這個問題。非政府組織在本地居民，與行政部門和現代企業的壓力之間，有著無可取代的中介角色。」[15]

處理複雜水議題的經驗讓我相信，像世界銀行這樣的機構——以及所有區域的開發銀行和國家援助機構，在世界各個角落都是獨一無二的存在，在運用中央化的合作來加強去中心化的合作上扮演重要角色。它在超過一百個國家有辦公室，它本身自力運作可與全世界最大的跨國企業相提並論。它的聯繫管道無處不在。這個網絡是一個重要的資產，世界銀行甚至可以做更好的利用，強化它在華盛頓的總部與地方上的工作小組之間的連結，組成更流暢的溝通管線和不同辦公室之間和諧的交流，讓彼此可都以獲取來自每一個國家的有用資訊。

叢林裡測試的菜單

這種在世界最偏遠地區的反應能力，可以創造發展的小小奇蹟。舉例來說，我們可以看看在索羅門群島，這個位在太平洋巴布亞紐幾內亞以東的島國在近年展開的行動。[16] 我訪問這些小島，它們被熱帶森林所覆蓋，間或有一些超過六千五百英尺的高峰，這些高峰成為旅程的亮點——不過很快地大家就發現，如此高溫的天候和難以穿透的叢林，在正常情況下不會是人們想要投資的地方。不過，這片群島的海域是全世界產量最豐富的漁場，特別是大量的鮪魚。過去幾年來，這個漁場被來自各方的入侵者掠奪，由於這個小島國缺乏海軍，它也因此在無力控制的情況下被人予取予求。[17]

當太平洋十八個國家與澳洲、日本、法國和美國的海軍合作，設立水上的衛星監視系統之後，情況開始改觀，它們開始組織它們的漁權規範。這項措施不只讓這些島國穩定其漁業資源（並因此控制對生態多樣性的威脅），同時也幫他們從漁民手中取得可觀的權利金（可達到數億美元，對這個小島國是相當可觀的一筆錢）。

由於這些參與方的聲音能夠被大家聽到，今天他們在環境和經濟上都得到了報償——這是一個雙贏的共識。由於它的成功，更讓他們得以創造出一個獲利更高的專案計畫：在世界銀行與其他機構的協助之下，[18]索羅門群島發展一個鮪魚加工處理廠，並自創了品牌「索羅門鮪魚公司」（SolTuna），調配具有本地精緻香料的鮪魚罐頭並且出口。二〇一四年，我拜訪這家工廠時大約有一千五百名員工，其中75%是女性，同時我還得知，在接下來五年內還會創造五百個新工作。我認為這是很了不起的發展：透過國際的合作，我們可以在偏遠的地區[19]創造在地高附加價值的經濟，它的產品可以在世界各地拓展，甚至包括規範嚴格而且挑剔的日本生魚片市場。

我從這個故事看到關於金融、關於資本主義以及全球化最美好的故事，以及合作可能帶來的最美好結果。它證明這一切是有可能的。類似這樣的故事需要更有效地被傳播出去；越多人看到這些例子，他們就越有可能重新信賴這個體系，看出它可以帶來的影響力。但願全世界所有心存善意的人們，都能從這個例子得到啟發！

結論

選擇操之在我們

人類正站在十字路口。我們可能被分化的力量所沖散，或者我們也可能取得掌控團結在一起。我們可能讓「冷漠的全球化」和盲目的金融拿下勝利，或者我們也可以讓全球化和金融變得馴良讓所有人都受益。它完全操之在我們，操之於我們個別和集體的決定。

我們可能讓金融在此自行其是，或者我們可以重新取得對這個非凡力量的掌控，為共同的善來服務。金融是我們面臨抉擇的時刻時，一個左右人類命運的工具。

很顯然我們不能完全依賴人們以及他們代議者的意志——即使我個人偏向認同這一點。從現實的角度來說，人們從過去到現在一直都是被自身的利益所導引。

儘管過去幾年局勢更加緊張，我們個人的利益從未曾如此緊密相關。氣候、公共衛生、經濟不平等和人口失衡、能源的取得以及大數據等重要的議題，已經成為明顯的焦點。世界上沒有一個國家可以單獨解決這些議題——當然不可能靠對鄰居樹立起高牆和強化邊界而解決。我們的地球不曾如此平坦而相互聯結，[1]如此小同時又如此脆弱。前所未有的情況讓我們頭暈目眩，信心銷蝕，恐懼加深，正如英國公投脫離歐盟所展示的情況一樣。

不過我也從這裡看到非比尋常的機會。

人類從不曾有如此多的金融與人力資源可供差使，或是如此多的路徑可採取行動。我們有如此多的智慧、能源、金錢，而且有如此多的工具能動員運用它們。用康德蘇愛用的形象比喻，人類如印度神濕婆一樣擁有許多隻手：它是市場裡看不見的手，依據獎勵機制來行，它也是揮舞國家正義的手，為了統治和指導、為了長期規畫和糾舉不公而存在的政治權力；同時，如果想要的話，它也是向外敞開的團結和慈善的手。讓我們來扮演所有這些手！我們可以運用它們一起來明智地行動，而不是用來撕裂我們自己。

有許多人基於充分的理由而已經對金融失去信心。金融把我們帶入毀滅的邊緣——在它承諾給我們和平和繁榮的同時。不過我們不該驟然棄絕它。我們應該再給它一次機會，來展示金融在受到掌控並明智運用時，帶著善心與創意，可以成就偉大的事。它可以帶領我們向前邁出一大步，程度遠超乎我們所能想像。氣候金融領域已經在進行的寧靜革命就是明證，證明了心念的改變是有可能的；人類可以影響全球化。全球化並非我們無力抗拒的盲目力量。一旦得到駕馭，金融可以成為取之不竭、循環更新的能源，與我們心中想像的爆炸與連鎖反應相去甚遠。我們必須遵循這條路並堅守方向。我們不能讓濕婆放下祂的手！

這本書是一個發自內心的吶喊，一個喚醒大家的警鐘。

我們不能因為軟弱和自我否定而不去行動。或者，更糟的是出自宿命的想法認為「大人物的特權之一，就是待在看台上目睹大災難。」[2]當災難真的發生時，看台也會垮下來，跌下來得正是以為自己安全無虞的大人物。

那些在政府內部負責國際監管機構的人，為國際投資基金工作的主管們，以及各領域的領導人都有責任要立下榜樣。不過我們——消費者、公民、創業者、工會人員、所有的人——同樣有能力可以施壓他們盡到責任。我們所有人，不管身在何處，都是拼圖的一小片。現在終於可以完成完整的拼圖了，我們還在等什麼？

這是我們的世界。這是我們的錢。共同的善就是我們保存和培養它所需要的凝聚劑。我們可以建造強制的團結，這個「人間條件的穩固現實」、這個「為了全體的健康而必須共同合作的相互依賴」[3]——這種團結是得到保證的、被渴望的、也是強制要求的。拿出勇氣來！它代表的意思是定期出席股東會議——畢竟，我們已選擇集體性的全球生活。不過這個努力的目的是為了達成協議，也它確實需要花費一番努力，好讓金融成為我們最好的盟友。毫無疑問它是個糟糕的主人，不過它是多麼了不起的僕人！

百老匯音樂劇《酒店》（*Cabaret*）說：「錢讓世界運轉……。那叮噹的聲響……錢，錢，錢……」但願現在世界能讓錢走上正途。

如果金融曾經能讓世界差點沈淪，它同時也能拯救世界，只要我們重新取得並保有對它的掌控，只要我們決定結合力量，只要我們創造新的工具並結合各種類型的金融能力，同時，只要我們能接受彼此的差異。

全書注釋

推薦序（戈登．布朗）

1. http://www.un.org/press/en/1999/19990201.sgsm6881.html.
2. https://www.gmu.edu/centres/publicchoice/faculty%20pages/Tyler/Manila.pdf.
3. http://www.the-american-interest.com/2016/07/10/when-and-why-nationalism-beats-globalism/.
4. http://www.huffingtonpost.com/georg-kell/globalization-four-ways-t_b_11081332.html.

導言

1. H. R. McMaster, and Gary Cohn, "America First Doesn't Mean America Alone," *Wall Street Journal*, May 30, 2017.
2. 如第十章所述，這些創新是國際免疫金融基金和 Unitaid（國際藥品採購便利機制）所創。
3. 「法國社會週」（Semaines sociales de France）是在一九〇四年，在當時的教宗良十三世（Pope Leo XIII）發布被視為教會現代社會信條基礎的《新事通諭》（*Rerum Novarum*）之後，由兩名天主教徒所創立。如今它是一個社會監督組織，也是法國最早成立的智庫之一。

4. Michel Camdessus, Bertrand Badré, Ivan Chéret, Pierre-Frédéric Ténière-Buchot, Eau (Robert Laffont: 2004). 本書的內容不時反映出這裡的研究和當時的研究心得。

5. Michel Camdessus, *Le Sursaut. Vers une nouvelle croissance pour la France*, Report of the Minister of theEconomy, Finance, and Industry (La Documentation Française, October 2004).

6. 原文譯自 Antoine de Saint-Exupéry, Citadelle (1948).

第一章

1. Michel Camdessus et al., *Eau*.

2. 「根據經濟合作暨發展組織（OECD）的發展援助委員會（Development Assistance Committee，簡稱 DAC）的定義，官方發展援助（ODA）包括所有『贈與成分』占至少 25 % 的金融轉帳。換句話說，它是援助。一般而言，這些是國家間的移轉，或稱雙邊援助。援助比例較少但同樣重要的還有多邊的 ODA，提供者包括世界銀行、國際貨幣基金、由地區開發銀行支持的優惠基金、來自歐盟和其他聯合國機構如聯合國開發計畫署（UNDP）、聯合國兒童基金會（UNICEF）、世界衛生組織（WHO）和聯合國糧食及農業組織（FAO）

的各種援助基金。這些多邊開發機構以接近市場的利率提供貸款。雖然它們不完全符合DAC對於ODA的定義，但這些貸款遠比商業銀行和其他借貸機構更具吸引力。其他以開發援助為目標的雙邊機構以類似於商業的方式運作，提供股票、證券、或近於市場利率的貸款（例如在美國的美國國際開發署（USAID）、德國的德國復興信貸銀行（KfW）、法國的法國開發署（AFD）、英國的英國聯邦開發公司（CDC）或是日本的國際協力銀行（JBIC））。它們與多邊金融機構有許多相同的特徵。」原文譯自 Michel Camdessus et al., *Eau*, 228–29。

3. United Nations, *The Millennium Development Goals Report* (United Nations, 2015), http://www.un.org/millenniumgoals/2015_MDG_Report/pdf/MDG%202015%20rev%20(July%201).pdf.

4. United Nations, "Beyond the Millennium Development Goals: The Post–2015 Sustainable Development Agenda" (UN Department of Public Information, September 2013), http://www.un.org/millenniumgoals/pdf/ EN_MDG_backgrounder.pdf.

5. 在二〇〇五年的國際貧窮門檻為每日1.25美元。世界銀行在二〇一五年把這個數值調整為每日1.9美元。

6. United Nations, "Beyond the Millennium Development Goals."

7. United Nations,*The Millennium Development Goals Report 2015* (United Nations, 2015), http://www.un.org/millenniumgoals/2015_MDG_Report/pdf/MDG%202015%20rev%20(July%201).pdf.

8. United Nations, "Beyond the Millennium Development Goals"

9. 按國內生產毛額排名，經購買力平價調整。"Gross Domestic Product," World Bank, 2014.

10. 同上。

11. United Nations,*The Millennium Development Goals Report 2013* (United Nations, 2013), www.un.org/millenniumgoals/pdf/report–2013/mdg–report–2013–english.pdf.

12. 「中國今日自誇其就業人口對退休人口比例約為 5 ： 1。到二〇四〇年，這個令人豔羨的比例將崩塌至大約 1.6 ： 1。」Howard W. French, "China's Twilight Years," *The Atlantic*, June 2016.

13. Richard Dobbs, James Manyika and Jonathan Woetzel, *No Ordinary Disruption: The Four Global Forces Breaking All the Trends* (Public Affairs, 2016). Reviewed in Public Affairs, May 2015.

14. 洛陽是位在黃河邊的中國歷史古都；有近七百萬人口。

15. United Nations, The Millennium Development Goals Report 2013.

16. 同上。

17. 數據來自世界銀行。

18. 世界銀行每年發表的《經商環境報告》（*Doing Business*）所提供的發展數據說明了這些政策的成功——以及有時會有的失敗。

19. 原文譯自 Michel Serres, *Petite Poucette* (The Pommier: Collection Manifestes, 2012).

20. 同上，pp. 15–16。

21. United Nations, "Beyond the Millennium Development Goals."

22. Salim Ismail, *Exponential Organizations: Why New Organizations Are Ten Times Better, Faster, and Cheaper Than Yours (and What to Do about It)* (Diversion Books, 2014).

23. Camdessus et al., *Eau*, p.154.

24. United Nations, *A New Global Partnership: Eradicate Poverty and Transform Economies through Sustainable Development* (United Nations, 2013), http://sustainabledevelopment.un.org/content/documents/8932013-05%20-%20HLP%20Report%20-%A%20New%20Global%20Partnership.pdf.

第二章

1. Adair Turner, *Between Debt and the Devil: Money, Credit, and Fixing Global Finance* (Princeton University Press, 2015), p. 93.
2. 生活在絕對貧窮人口比例，是依照世界銀行的估算。有許多人，尤其是阿瑪蒂亞·森（Amartya Sen），都已說明貧窮無法簡化為金錢的因素。不過，即使衡量的方式有爭議，但是貧窮減少是真實的情況。
3. Turner, *Between Debt and the Devil*, p.1.
4. 證券化（securitization）是一個金融技術，它將流動性較低的資產（貸款、應收帳款等）藉著轉成資本市場發行的金融證券（例如債券）而移轉給投資者。
5. 即使在這個時候，「非理性繁榮」（irrational exuberance）的跡象日增，當時的美國聯準會主席葛林斯班仍像是個無所不能的操盤手。參見 Bob Woodward, *Maestro: Greenspan's Fed and the American Boom* (Simon & Schuster, 2001).
6. 「影子銀行」的更多內容參見第八章。
7. Turner, *Between Debt and Devil*, p.26.
8. 認證（certification）是在目標市場為特定財產做確認，例如一棟建築、一艘超級油輪、或是一件玩具。

9. 有趣的是，二〇一六年六月我們在彼得森研究所討論時，美國聯準會明尼亞波里斯分行主席卡史卡利（Neel Kashkari）提到美國財政部當時曾進行了幾個危機的劇本推演，不過完全沒有設想到房地產價格下跌的情況。

10 以國際金融的規模來看，十五兆美元並不算多，但對個別國家而言仍是一筆鉅款。

第三章

1. François Rabelais, *Pantagruel* (1542): "Science sans conscience n'est que ruine de l'âme"（沒有良知的科學，不過是靈魂的毀滅。）
2. 參見 Charles P. Kindleberger, *Manias, Panics, and Crashes: A History of Financial Crises* (Wiley, 2000).
3. 參見 C. M. Reinhart and K. S. Rogo, *This Time Is Different: Eight Centuries of Financial Folly* (Princeton University Press, 2009).
4. 特別是高斯模型。
5. Turner, *Between Debt and the Devil*, p.2. 我們也應該牢記國際貨幣基金首席經濟學家拉詹（Raghuram Rajan）對這問題的透徹思維和關聯性，他早在二〇〇五年就對體系隱藏的風險提出警告，並在二〇一〇年強調「隱藏的斷裂仍然威脅著全球的經濟。」參見 Raghuram Rajan, *Fault Lines: How Hidden Fractures Still Threaten the World Economy* (Princeton University Press, 2011).

6. Turner, *Between Debt and the Devil*, p.3.
7. 同上。
8. Bertrand Badré, “Un banquier dans la tourment,” in Michel Cool, *Pour un capitalisme au service l'homme. Parole de patrons chrétiens* (Capitalism in the service of mankind: Testimonies from Christian managers) (Albin Michel, 2009), p. 112.
9. LIBOR（倫敦同業拆放利率）指的是依據不同貨幣為一系列貨幣市場匯率做出定價。
10. 股價稍後跌至兩歐元以下。
11. 參見 John Micklethwait and Adrian Wooldridge, *A Future Perfect: The Challenge and Hidden Promise of Globalization* (Crown Business, 2000).
12. Alain Peyrefitte, *La société de confiance: Essais sur les origines du développement* (The trust society: Essays on the origins of development) (Odile Jacob, 2005).

第四章

1. Development Committee, *From Billions to Trillions: Transforming Development Finance Post–2015 Financing for Development: Multilateral Development Finance* (report prepared through the cooperation of the African Development Bank, the Asian Development Bank, the European Bank for Reconstruction and Development, the European Investment Bank, the Inter–American Development Bank, the World Bank Group, and the International Monetary Fund for the Development Committee meeting held on April 18, 2015).
2. 透過第一層／第二層虧損機制，協議的公開方同意在特定條件下，承擔預先協議數額以下的第一層／第二層虧損。
3. 根據聯合國的數字，到二〇五〇年，每年的成本可能達到四千五百億歐元。
4. 碳價所標示的是，碳消費也包含了外部效應（externalities）的成本。
5. Camdessus et al., *Eau*, p. 107.
6. 同上，pp. 139–40.
7. 同上，p. 140.
8. 可參見同上，pp. 140–41：「我們懷疑實業家們只在意短期獲利及對窮人的剝削，讓窮人為水付出昂貴代價，夢想著他們有天可能因此失去一切。非政府組織將防止我們進行這種自私自利的交易⋯⋯。天生冷酷無情的民營銀行，會拒絕借出足夠的錢給新興及發展中國家，以及有助他們發展的計畫案，讓機器停止運轉⋯⋯。開發機構和其他公家銀行感到不安。一方面，他們在融資發展基礎設施站在第一線。他們可以說是指引的星辰。不過在另一方面，我們不得不承認近年來他們的貢獻日益衰減⋯⋯。也因此有些政治人物負責任，有些不負責任，端看他們是否從來未曾將水列為優先要務，而這是我們災難的根源所在。」

9. 同上，p. 141.

10. 同上，p. 8.

11. 同上，p. 9.

第五章

1. 這種強力的金融控管是透過半浮動匯率體系，和一個限制人民幣在上下2%的範圍內調整的中央匯率（它在二〇一五年八月貶值）。

2. 以購買力平價（purchasing power parity）而論，中國是全世界最大的經濟體。

3. Marie Charrel, “Les gouvernements doivent agir pour restaurer la croissance” *Le Monde Economie*,

January 14, 2016, http://www.lemonde.fr/economie/article/2016/01/14/les-gouvernements-doivent-agir-pour-restaurer-la-croissance_4846974_3234.html. 英文版的類似專訪可參見：Dan Weil, "El-Erian: The Global Economy Needs Governments to Step Up," *Yahoo! Finance*, June 7, 2016, http://finance.yahoo.com/news/el-erian-global-economy-needs-101500524.html.

4. Emmanuel Hache, "Fin de cycle sur les marches de matières premières: un nouveau paradigme économique et géopolitique?" IRIS Analyses, January 25, 2016, http://www.iris-france.org/70347-fin-de-cycle-sur-les-marches-de-matieres-premieres-un-nouveau-paradigme-economique-et-geopolitique/. 英文版的類似文章可參見：Shelley Goldberg, "The End of the Commodity Super Cycle," *Wall St. Daily*, September 1, 2015, https://www.wallstreetdaily.com/2015/09/01/commodity-prices-super-cycle/.

5. 二〇一六年的不確定性明顯影響美國聯準會定期升息的意願，這給其他所有人又增加不確定性的新來源。

6. Mohamed El-Erian, *The Only Game in Town: Central Banks, Instability and Avoiding the Next Collapse* (Random House, 2016).

7. Chris Giles, "Fears on Global Downturn are Overdone Say Economists" Financial Times, March 7,

2016. http://www.ft.com/centent/ea13c478-c47b-11e5-bc31-138df2ae9ee6.

8. David Lipton, "Can Globalization Still Deliver? The Challenge of Convergence in the 21st Century" (Sixteenth Annual Stavros Niarchos Foundastion Lecture at the Peterson Institute for International Economics, May 24, 2016).

9. "Number of Conflicts, 1975–2016," Uppsala Conflict Data Program, accessed September 13, 2017, http://ucdp.uu.se/.

10. 歐洲歌唱大賽（Eurovision）是一年一度的泛歐洲區歌唱比賽。

11. 相對而言，乍看之下，油價的下降會造成較低的成長，因為較謹慎的消費者會把部分利益結存起來。

12. "The Plague of Global Terrorism," *The Economist*, November 18, 2015, http://www.economist.com/blogs/graphicdetail/2015/11dauly-chart-12.

13. 申根區是二十六個沒有邊界管制的歐洲國家組成。

14. "World Is Locked into about 1.5°C Warming and Risks Are Rising, New Climate Report Finds," World Bank, November 23, 2014, http://www.world bank.org/en/news/feature/2014/11/23/climate-report-finds-temperature-rise-locked-in-risks-rising.

15. "Signature de l'Accord de Paris sur le climat: une première étape nécessaire, mais pas suffisante, selon l'ONU," Centre d'actualités de l'ONU, April 21, 2016, http://www.un.org/apps/newsFr/storyF.asp?NewsID=37072#.V0LVFlmMfoc.

16. 同上。

第六章

1. Peter H. Diamandis and Steven Kotler, *Abundance: The Future Is Better Than You Think* (Free Press, 2012).
2. Antoine de Saint-Exupéry, *Wind, Sand and Stars* (Reynal and Hitchcock, 1939).
3. Ian Bremmer, "The Absence of Global Leadership Will Shape a Tumultuous 2016," *Time*, December 21, 2015, http://time.com/4154044/geopolitics-2016/.

第七章

1. Michel Cicurel, "La planète finance danse sur un fil" (The financial world dances on a thread), *La Tribune*, January 30, 2007.

2. Lipton, "Can Globalization Still Deliver?"

3. 借用的是馬克思這句話：「忽視歷史的人們註定將重複歷史。」*Communist Party Manifesto*, 1847.

4. Nassim Nicholas Taleb, *The Black Swan: The Impact of the Highly Improbable* (Random House, 2007).

5. 在一九七五年加入歐盟的公投中，英國推動加入歐盟陣營的主張是「我們無法單獨走向世界」。這個主張在二〇一六年更加適用！

6. 賈克・德・夏蘭達（Jacques de Chalendar，1920～2015）在一九四二年擔任法國未占領區的國家安全署特別顧問，在此同時也加入反抗運動，並在一九四四年加入金融稽核總局（Inspectorate General of Finances）。他在一九七三年成為法國金融稽核總長，一九五九～一九六二年擔任摩洛哥經濟開發國家銀行（Banque nationale pour le développement économique du Maroc）副董事長，一九六八～一九六九年擔任法國教育部長福爾（Edgar Faure）的顧問，之後在一九八四～一九八九年擔任經濟與金融技術交流發展協會（Association pour le développement des échanges en technologies économique et financière）主席。

7. 二〇一六年五月二十四日在彼得森研究院的一場研討會中，大衛・利普頓（David Lipton）

提到，中國即使沒有近年來的經濟起飛，仍對全球經濟帶來貢獻；以中國如此規模的國家，5％的經濟成長就相當於一年為世界增加了一個波蘭的財富。印度，還有其他十幾個如越南、孟加拉、哥倫比亞、祕魯或甚至衣索比亞這類國家，同樣代表著巨大的潛力。

8. 我創辦「像橘子的藍永續基金」（Blue like an Orange Sustainable Capital）是因為我希望投身於聯結需求與資源的工作。一如艾呂雅（Paul Éluard）詩中寫的：地球是藍色的像顆橘子；它由我們負責照料。

9. Mark Carney, "Breaking the Tragedy of the Horizon–Climate Change and Financial Stability" (speech given at Lloyd's of London, September 29, 2015).

10. 同上。

11. 「抓住運氣、緊握幸福、正面奔向你的風險。他們越常見你就會越習慣你。」勒內・夏爾（René Char）詩集《破曉者》（*Les Matinaux*（*Gallimard, 1950*））的詩〈晨曦〉中的句子。這位法國抵抗運動詩人的名字正好是我在法國國家行政學院（ENA）畢業班的名稱——這是什麼徵兆嗎？

12. 這是我在「法國社會週」期間承自於康德蘇的信念之一。我們為法國經濟、財政與工業部共同起草《警醒》報告，這份報告在天主教社會運動裡，被一些成員認為是「極端自由主義」。面對這些抗議，康德蘇引用佩吉（Charles Péguy）對康德倫理學的看法：「康德倫理學有雙乾淨的手，但是實際上它沒有手。但是我們則有雙長繭、粗糙、乾裂的手，有時我們的手還拿滿了東西。」Victor-Marie, comte Hugo, 1910. 我們想要改變世界就不得不弄髒自己的手。我們唯一有的策略運用空間，就是就算弄髒手，也別變得滿身汙穢發出惡臭，叫我們在把握現實的同時不要迷失了自己的信念。

13. Badré, "Un banquier dans la tourment," p. 113.

第八章

1. 柯維耶（Jérôme Kerviel）在二〇〇〇年夏天進入興業銀行。他在二〇〇八年造成銀行大約四十九億歐元的交易損失，後來以背信、偽造、未經授權使用銀行電腦等罪名遭起訴。
2. 德國社會學家韋伯（Max Weber）對「重召魅力」或「復魅」（*reenchantment*）的概念有詳盡的闡述。
3. 與布瓦松納（Jean Boissonat）本人親身的聯繫。
4. "Sustainable Energy for All: Sector Results Profile," World Bank, April 9, 2014, http://www.worldbank.org/en/results/2013/04/10/sustainable-energy-for-all-results-profile.

5. 一級資本指的是金融機構所持有最穩固、最核心的的部分。在金融危機發生之後，金融規範機構區分資金類別（一級、二級、三級，或稱 T1、T2、T3）以強調它們價值的不同，而需要強化的部分是機構真正的資本，也就是它的股本（核心－一級資本，或稱 Core-T1）。

6. 票據交換所（clearinghouse）是買賣票據中介的金融機構，用以確保雙方的收放款。

7. 一級資本指的是金融機構所持有最穩固、最核心的的部分。如今銀行必須維持7％的第一級資本（T1）（而非金融危機之前的4％）以及4％的核心－一級資本（Core-T1）（而非原來的2％）。它們同時必須在經濟景氣時期維持獲利2.5％的資本緩衝（而不是把它分配為股息或是購回股票），這本質上增加機構整體的額外費用。

8. 總損失吸收能力（total loss-absorbing capacity, 簡稱 TLAC）是以債務工具組成的資源緩衝，它較易轉換成資金，在經濟艱困時刻保護納稅人。

9. 轉型是銀行業務的核心。它涉及到把短期資源（例如存款）「轉型」做長期的使用（例如為基礎設施提供房貸）。

10. Mark Carney and Bertrand Badré, "Keep Finance Safe but Do Not Shut Out the Vulnerable," *Financial Times*, June 2, 2015.

11. 例如，參見同上：「當銀行扮演代理通匯的角色，它們需依靠本地的『對應』銀行發展體系來避免雙方與犯罪者交易或轉移不法資金。這套體系有時不能發揮功能。一些國際銀行因此，不論刻意或是無心，為毒品交易和恐怖組織提供了帳戶和洗錢服務。」

12. 如今，已經不可能把錢轉帳到索馬利亞的難民營，不消說這帶來了不小爭議。

13. 區塊鏈（blockchain）是安全的、分散式的數據庫，它的數據不透過中介者而由各個使用者分享，並包含了自創造以來使用者所有更動的歷史。這種區塊鏈的系統讓每個使用者可以確保它在任何時刻交易的真實性與個別性。

第九章

1. “Seven Themes of Catholic Social Teaching,” United States Conference of Catholic Bishops, accessed September 13, 2017, http://www.usccb.org/beliefs-and-teachings/what-we-believe/catholic-social-teaching/seven-themes-of-catholic-social-teaching.cfm.

2. Pope Francis, “Pope Francis: Stop the Culture of Waste,” OnFaith, accessed September 13, 2017, https://www.onfaith.co/onfaith/2014/04/21/pope-francis-stop-the-culture-of-waste/31766.

3. Pope Francis, “Address to Global Foundation Roundtable,” Vatican Radio, January 14, 2017, http://en.radiovaticana.va/news/2017/01/14/pope_francis_address_to_global_foundation_

roundtable/1285625.

4.「消費者教室」，http://www.doleceta.eu/，本身也配備了一個很有用的工具，lafinancepourtous.com，它是由法國教育部所認可的民間教育團體「公共金融教育研究院」（Institut pour l'éducation financière du public）所開發。

5. Camdessus et al., *Eau*, p.154.

6. 同上，pp.155–57.

7. Badré, "Un banquier dans la tourment."

8. Carney, "Breaking the Tragedy of the Horizon."

9. 參見 Larry Fink quoted in Matt Turner, "Here Is the Letter the World's Largest Investor, BlackRock Larry Fink, Just Sent to CEOs Everywhere," *Business Insider*, February 2, 2016, http://www.businessinsider.com/blackrock-ceo-larry-fink-letter-to-sp-500-ceos-2016-2.

10. Jean Favier, *De l'or et des épices. Naissance de l'homme d'affaires au Moyen Âge* (Gold and spices: The birth of the businessman in the Middle Ages) (Fayard, 1987).

11. Jean Favier, *Les Grandes Découvertes. D'Alexandre à Magellan* (The Age of Discovery: From Alexander to Magellan) (Fayard, 1991).

第十章

1. Bruno Roche and Jay Jakub, *Completing Capitalism: Heal Business to Heal the World* (Berrett–Koehler Publishers, 2017).
2. Rym Ayadi, "Word from IRCCF Director, Professor Rym Ayadi," International Research Centre on Cooperative Finance, accessed September 13, 2017, http://financecoop.hec.ca/en/research/.
3. Michael E. Porter and Mark R. Kramer, "Creating Shared Value," *Harvard Business Review*, January–February 2011.
4. Shared Value Initiative, *Banking on Shared Value: How Banks Profit by Rethinking Their Purpose* (Foundation Strategy Group, 2014).
5. 全世界約有二十五億人仍被排除在獲得優質的銀行服務之外。資料同上。
6. 參見 Social Impact Investment Taskforce, *Impact Investment: The Invisible Heart of Markets. Harnessing the Power of Entrepreneurship, Innovation and Capital for Public Good* (G8 under British leadership, September 15, 2014).
7. 原文翻譯自 Pilot Group on Innovative Funding, *Comment encourager la philanthropie privée au service du développement? Étude sur les modèles émergents* (Pilot Group on Innovative Funding, May 2012).

8. 參見第十六章。

9. Social Impact Investment Taskforce, *Impact Investment*.

10. "RFF's Decision to Divest," Rockefeller Family Fund, accessed 9/13/2017, http://www.rffund.org/divestment.

11. Carney, "Breaking the Tragedy of the Horizon."

12. 同上。

13. 原文翻譯自 Gérard Mestrallet, "Le prix du carbone, une boussole pour les entreprises," *Le Monde*, April 16, 2015.

14. Camdessus et al., *Eau*, p.143.

15. 同上，p. 194–95.

16. Groupe de Travail présidé par Jean–Pierre Landau, *Les nouvelles contributions financières internationales* (La documentation Française, n.d.), http://www.ladocumentationfrancaise.fr/var/storage/rapports–publics/044000440.pdf.

17. 原文翻譯自 "Financements innovants du développement: Les grandes étapes de la creation de la taxe de solidarité sur les billets d'avion et d'UNITAID," foundation Chirac, http://www.

fondationchirac.eu/wp-content/uploads/Financements-innovants.pdf.

18. 基於法國總統席哈克與英國首相布萊爾簽訂的相互援助協議，「席哈克稅」10%的收入將投入這個計畫案。

19. 建造具品質的交通基礎設施是不同類型的問題，它更加昂貴而且需要不同的籌資方法。參見第十五章。

第十一章

1. Nations Unies Assemblée générale, Nous, *les peuples: le role des Nations Unies au XXIe siècle, Rapport du Secrétaire general* (Nations Unies Assemblée general, 2000), http://www.un.org/fr/documents/view_doc.asp?symbol=A/54/ 2000.

2. 世界銀行的建立要追溯到一九四四年簽署的布列敦森林協議（Bretton Woods Agreement），與它同時創立的是國際貨幣基金（IMF）。兩個機構的共同目標是讓全球經濟回復正軌，不過它們被賦予不同的角色：國際貨幣基金的任務是國際金融穩定，而世界銀行的任務是援助開發。自一九四四年以來，世界銀行從一個單一機構擴展為五個緊密相連組織的集團：國際復興開發銀行，最初被委任支持戰後重建與發展（也因此而得名），如今它的任務是與其他相關機構共同減少全球貧窮；國際開發協會；國際金融公司；多邊投資擔保機構；以及國際投資爭端解決中心。這些機構是由世界銀行集團的成員國負責主持。

3. 艾麗榭宮（Élysée Palace）是法國總統的官邸，就如同美國的白宮。

4. United Nations General Assembly, *We the Peoples: The Role of the United Nations in the Twenty-first Century*, Report of the Secretary-General (United Nations General Assembly, 2000), http://www.un.org/fr/documents/view_doc.asp?symbol+A/54/2000.

5. 八大工業國集團（G8）這個名稱在二〇一四年俄羅斯併吞克里米亞半島之後已經廢止。

6. 英國脫歐的公投或許代表這個分析要重頭再來！

7. 這就是包容性成長的結果，讓我有機會在最近的路威酩軒集團（LVMH）年度會議進一步闡釋，我受邀到會議上談論一個看似不相干但很具啟發性的主題：「奢侈品與發展」。

8. 參見 Bertrand Badré, "*Quand la Banque mondiale soulève le couvercle des cultures*" (When the World Bank lifts the lid off cultures), interview with Alain Henry, Le Débat 2015/3, no.185, pp. 185－90:「我從沒見過像我今天參加成員如此多元的董事會。從來沒有！我過去參加的董事會成員清一色是巴黎綜合理工學院和國家行政學院的畢業生：簡單說就是白種男人、來自同樣學

校、出身天主教家庭——同時也有著相同普世論的偏見。銀行代表真正的文化多樣性。讓我感到吃驚的是這裡的餐廳。整個世界都在你的腳下。我不知道世界還有其他別的地方可以看到和這裡同樣的事。」

9. 同上。

第十二章

1. 這裡要特別向戈登・布朗致意，他在二〇〇九年倫敦的 G 20 高峰會的領導有決定性的影響。
2. 從一九三三年六月十二日到七月二十七日，倫敦經濟會議聚集了來自六十六國的代表，決心重新啟動在一九二九年股市崩盤以及一九三一年英鎊重挫之後的全球經濟。國際協議在美國總統羅斯福（Franklin D. Roosevelt）的反對下破裂，羅斯福甚至沒有出席這個會議，法國強力鼓吹的匯率穩定協議並未達成。建立在黃金體系的全球金融體系隨後崩潰，再次引發了全球危機。
3. 法文原文："Depuis le temps que nous multiplions les rendez-vous galants, il est temps d'aller conclure au lit!"

4. 我將它稱之為「P4C」。參見第十六章。

5. http://news.xinhuanet.com/english/2016-05/22/c_135377957.htm

6. 監看執行二〇三〇永續發展倡議的一個方法是讓 G 20的領袖們在他們的永續發展工作小組內部重組「發展工作小組」（Development Working Group，簡稱 DWG）：這個機構性的創新，是對永續發展目標（SDG）共同承諾的具體象徵，它將強化既有的評估國家責任制度——G 20相互評估程序（Mutual Assessment Process），它追蹤各種成長策略和結構改革計畫——一方面藉著界定工作的優先順序和指導方針，一方面也依賴各國根據事實和數據對其進展所做的主動聲明。

7. 多邊開發銀行（MDBs）包括非洲開發銀行、亞洲基礎設施投資銀行、亞洲開發銀行、歐洲復興與開發銀行、歐洲投資銀行、美洲開發銀行、伊斯蘭開發銀行、新開發銀行和世界銀行集團。

8. Badré, “Quand la Banque mondiale soulève le couvercle des cultures.”

9. “Chairman’s Statement—Global Infrastructure Forum 2016,” World Bank, April 16, 2016, http://www.worldbank.org/en/topic/publicprivatepartnerships/brief/chaimans-statement-global-infrastructure-forum-2016.

10. Carney, "Breaking the Tragedy of the Horizon."

11. "Carbon Pricing: Building on the Momentum of the Paris Agreement," World Bank, April 15, 2016, http://www.worldbank.org/en/news/feature/2016/04/15/carbon-pricing-building-in-the-momentum-of-the-paris-agreement.

第十三章

1. 優惠借貸是以非常低的利率（「優惠利率」）擴展的金融形式，它也沒有商業銀行及其他借貸方的傳統抵押規定。優惠貸款提供借貸方一些擔保及利率上的優惠：當貸款利率為低利率或零利率，或當借貸方獲得臨時紓困金或是償付延期的情況下，這筆貸款還包含「補助」的成分。

2. 自國際開發協會創立以來，捐贈國已經籌募超過兩千五百億美元，將近捐贈給國際復興開發銀行的二十倍，國際金融公司（IFC）的一百倍，以及多邊投資擔保機構的六百倍。

3. 這個數字可以與國際金融公司、國際復興開發銀行和多邊投資擔保機構總和的六百五十億美元做比較。儘管這些基金的本質不完全相同，它仍顯示捐贈國在短短幾十年內提供的可觀數額。

4. 更多大型傳染病的內容，參見第五章。

5. 所有多邊開發銀行都接受評等。評等機構的重點是，這些機構在信貸投資組合中曝險集中的程度。先天上，基於主權的數量有限，所有多邊開發銀行都是集中的投資組合。這當然和商業銀行所使用的各種集中率不能完全相提並論，不過它們有些相似之處。涵蓋（coverage）方法同樣也無法一體適用。因此其構想是轉向衍生性產品並以綜合性的方式在不同銀行之間進行交換曝險的交易。

第十四章

1. 關於慈善團體，參見 Matthew Bishop and Michael Green, *Philanthrocapitalism* (Bloomsbury Publishing, 2008).

2. 我在這裡可能集中於討論世界銀行集團，這是因為我的經驗多半是來自那裡。但這分析也適用於大部分的多邊開發銀行：它的模式差異源自它的成本基數（世界銀行的成本收入比基本上較高，部分的原因是它必須將全球公共財入帳），或甚至是它們對公家或私營部門賦予的相對重要性。不過這些機構仍有許多共同之處，特別是他們的使命和地位方面。

3. 溢出和回溢效應衡量的是一個國家的決定對其他國家造成的效果。

4. 其差額為十幾個基點（一個基點是0.1%），相較於前者是數百個基點，也就是好幾個百分點。

5. 參見 Development Committee, From Billions to Trillions:「國內資源動員」（Domestic Resource Mobilization，簡稱 DRM）對融資國家開發計畫越來越關鍵。將正成長趨勢納入考慮，新興與發展中經濟體的 DRM 在二〇一二年總額達到七・七兆美元。換句話說，發展中國家的財政部與二〇〇〇年相比，如今每年可額外多收到六兆美元。如此一來，有助於許多國家減少對援助的依賴和提升償付能力。」

6. 參見同上。「為達成永續發展目標（SDGs）所需投資提供資金，需要國際共同體調整其規模，從數十億美元的公家開發援助、調整至數兆美元的各種類型的人力與材料的投資，並運用公家和私營、國家與國際的籌資方式。事實上，永續發展目標要求盡可能明智地運用捐贈的每一美元，從一三五〇億美元的公共開發援助開始。不過這也牽涉到個別的捐款、移民的匯款、南南資金流動（South–South flows）、其他形式的公共援助，以及直接外資投資。要達到期待的水平，還必須動員另外兩個重要的融資來源：各國的國內資源，因為這是大部分開發費用，以及具有真正獲得額外資金潛力的民間投資者。

7. 參見 Camdessus et al., Eau, p.205: 擔保「可以採不同的形式，不過最終而言它是同一回事：

一個在計畫案外的機構提供保證，讓計畫案的開發者可以面對超乎目前金融狀況的特定風險，得以幫助計畫案得到融資或減低其成本。」

8. 調整的需求在國際金融公司（IFC）——它最近因不利的金融環境而如預期蒙受損失——或是多邊投資擔保機構（MIGA）都不是那麼明顯：從金融模式的角度來看，這些機構較為先進，特別是它們與民營部門有較密切的關聯。

9. 特別對國際復興開發銀行（IBRD）來說，這已成了自我實現的預言，它已經開始面臨每年承諾的一百五十億美元出現衰減的風險。

10. 同樣地，這個觀察較不適用於IFC和MIGA。

11. 即使銀行的體系因為信託基金這類的工具而變得更為複雜，它仍須以獲利為目標。

12. Development Committee, *From Billions to Trillions*.

13. 這包括了「B型聯合貸款」，由其資產管理公司（Asset Management Company）補助（股權）的籌資、或甚至是涉及到外部投資者，在最近出現的、較創新的「聯合貸款組合管理計畫」（Managed Co-Lending Portfolio Program）（它涉及到債務）。明智地組合下，這兩種方式為系統性的動員努力鋪設了道路。

14. 參見世界銀行每年公布的《經商環境報告》（*Doing Business*）。

15. 參見 Camdessus et al., *Eau*, p.209.

16. 同上。「金融市場的建置並不是一個即興創作的所在。它是最卓越的領域，有先進國家的技術協助，以節省珍貴的時間並避免一開始的錯誤。它可以加速訓練本地的行為者和加速在其他地區採用紀律、透明度、流動性、取得公平性等方面已經證實有效的運營規定。」

17. 在新興國家發展金融市場的一個方法是「離岸」（offshore）銷售本國幣值債券給國家或國際的投資者。

第十五章

1. Camdussus et al., *Eau*, pp.153–54.
2. 同上。*Eau*, pp. 227–28.
3. 同上。p. 234.
4. 同上。pp. 235–36.
5. https://ppp.worldbank.org/public-private-partnrrship/library/ppp-massive-open-online-course-how-can-ppps-deliver-better-services.
6. 德維爾潘在二〇〇三年二月十四日針對伊拉克危機的責任與意涵所發表的演說，獲得了現場起立鼓掌。講稿全文："Statement by France to Security Council," *New York Times*, February 14, 2003, http://www.nytimes.com/2003/02/14/international/middleeast/statement-by-france-

7. to-securiy-council.html.

Groupe de Travail présidé par Jean-Pierre Landau, *Les nouvelles contributions financières internationales* (La documentation Française, n.d.), http://www.ladocumentationfrancaise.fr/var/storage/rapports-publics/044000440.pdf.

8. Camdessus, *Le sursaut*.

第十六章

1. 聯貸（syndication）是讓銀行與其他金融機構分攤貸款，並因此減少對本身銀行資產損益表衝擊的技術。
2. Development Committee, *From Billions to Trillions*.
3. 同上。
4. 同上。
5. 「全球基礎設施中心」（Global Infrastructure Hub）是建立在 G 20的「全球基礎設施倡議」

（Global Infrastructure Initiative，一個多年期的計畫案，目的是提升公家與民營基礎設施投資的品質）支持框架下，它以雪梨為基地，委任為期四年的工作任務，被視為是這個計畫案的神經中樞。它的目標是鼓勵所有行為者——各個政府、民間部門、開發銀行與國際組織——之間的合作與資訊交流，以提升基礎設施市場的功能和融資。

6. 我現在是這個平台的榮譽主席，它是一個世界經濟論壇（WEF）與經濟合作暨發展組織（OECD）的合資企業，贊助單位包括瑞典國際開發合作署和美國國際開發署（USAID），還有花旗銀行與三井住友銀行。它將雙邊與多邊機構、銀行、投資者、贊助者以及非政府組織等結合在一起。

7. 巴西的可口可樂公司所推動的 Coletivo 倡議是價值共享的最佳案例。透過這個於本地非政府組織（NGOs）合作的計畫案，可口可樂公司給數千名陷入困境的青少年提供兩個月的銷售訓練，做為找到第一份工作的跳板。在此同時，這些青少年在見習期間可為商店賣出更多飲料，同時也被要求反映關於改善庫存管理、宣傳、行銷等等的建議。這個投資在兩年內就開始獲利。透過嚴格評估結果，這項補助可說服母公司擴展這項實驗性計畫到超過一百五十個巴西的低收入社區。超過五萬名青少年透過 Coletivo 接受訓練，其中有30％的人在可口可樂或它的相關企業找到第一份工作。

8. 達能共同體計畫開始於達能執行長法蘭克福·里布（Franck Riboud）和孟加拉鄉村微型信貸銀行（Grameen microcredit bank，又稱格拉明銀行）總裁兼二〇〇六年諾貝爾和平獎得主尤努斯（Muhammad Yunus）的一場對談。基於相同的信念和互補的技能組合，他們決定聯合力量創辦新的公司「格拉明達能食品」（Grameen Danone Foods）。公司目標是在孟加拉創辦一個有助本地開發同時兼顧獲利足以維持運作的優格工廠。達能更進一步地決定配備一個新的金融工具，讓所有人可以參與，並鼓勵社會企業倡議的推展：達能共同體（danone.communities）。成立於二〇〇七年，這個開放式的共同基金，由法國農業信貸銀行負責管理和行銷，標示出了一個路徑：透過在孟加拉興建其他工廠來拓展格拉明達能食品；援助世界其他地區發展（例如，如今的塞內加爾與柬埔寨）與達能的使命相符合的其他社會企業；透過原有的商業模式，發展其他本地行為者或非政府組織的夥伴關係；以及透過達能共同體結合所有對這個計畫做出貢獻的參與者，包括有意願透過投資組合來展現團結理念的投資者。

9. 永續銀行網絡（Sustainable Banking Network）在第一次國際綠色信貸論壇（the International Green Credit Forum）之後成立，由國際金融公司（IFC）與中國銀行業監督管理委員會於二〇一二年五月在北京共同組成。更多內容可參見，如“Sustainable

"Banking Network," IFC, accessed September 15, 2017, http://www.ifc.org/wps/wcm/connect/Topics_Ext_Content/IFC_External_Corporate_Site/IFC+Sustainability/Partnerships/Sustainable+Banking+Network/.

10. Development Committee, *From Billions to Trillions*:「在二〇一三年，多邊開發銀行投入超過二百八十億美元鼓勵發展中與新興經濟體的氣候行動，在過去四年總共投入總額超過一千億美元。」

11. Camdessus et al., *Eau*, 143–44.

12. 同上，pp. 147–48.

13. 同上，pp. 247–48.

14. 同上，p. 248.

15. 同上，pp.187–88.

16. 它的主島瓜達康納爾島是日本和美國在一九四二～一九四三年著名戰役的戰場，導演泰倫斯．馬利克在一九九八年改編為電影《紅色警戒》。

17. 我在波里尼西亞群島服完了兵役，我還記得當時的任務是要阻止台灣、韓國和日本的拖網漁船在法國海域內的捕撈作業。

18. 鮪魚包裝工廠在二〇一三年得到了由國際金融公司支持的一千萬美元貸款，特別用來提供資金購買新設備（冷凍室、員工房舍改善等等）。更多內容可參見，例如："Saving Tuna:IFC Provides $10 Millions Loan to Soltuna in Solomon Islands," IFC, accessed September 14, 2017, http://www.ifc.org/wps/wcm/connect/news_ext_content/ifc_exrernal_corporate_site/news+and+events/news/ifc+provides+%2410+million+loan+to+soltuna+in+solomon+islands.

19. 從澳洲到荷尼阿拉，需要好幾個鐘頭的飛行，之後再轉兩個鐘頭的飛機，再轉搭一個小時的車子才能到達工廠。

結論

1. 更多內容，參見 Thomas Friedman, *The World Is Flat* (Farrar, Straus, and Giroux, 2005).
2. Jean Giraudoux, *Tiger and the Gates*, trans Christopher Fry (Oxford University Press, 1955).
3. Camdessus et al., *Eau*, p. 115.

致謝

在結束這本書之前，我一定要先對在我近三十年的金融之旅中曾經協助過我的人表達感謝。

我首先想到的是我不同的老闆們，其中第一位是賜予我信心的菲利浦・沙拉（Philippe Sala），另外還有我在 BFI、法國財政部、瑞德集團、法國總統府、農業信貸銀行、興業銀行、世界銀行以及像橘子的藍永續基金的工作團隊同事們。我也想起了「法國社會週」；特別要感謝米歇・康德蘇。

要感謝馬克宏總統，我很榮幸與他實時討論書中所提的大部分主題，並同意為本書的英文版作序。

要感謝布朗首相，他是二〇〇八～二〇〇九年挽救經濟危機的舵手，也是為本書提供前言的後危機思想家。

要感謝在「水」、「新國際金融貢獻」以及「警鐘」工作小組的同事們，他們讓我更確信了誠心、善意以及深思熟慮在處理複雜議題、尋求共識上的價值。

感謝所有在非政府組織的工作者、國際組織與開發機構的主管們、中央銀行及企業領袖們，以及所有為共善而努力的人們，他們協助塑造我近年來的想法，特別要感謝史蒂夫．霍華德（Steve Howard）與全球基金會，我與他們在近年來有廣泛的互動。在本書中我援用了其中許多人的想法。感謝你們分享的智慧。

感謝所有歡迎我到他們國家的人們，他們幫助我理解我們稱之為「發展」的複雜性、巨大的需求性，以及無窮的可能性。向這群為更好世界努力的日常人們致意：了不起！

感謝克勞斯．史瓦布教授以及在世界經濟論壇的團隊們，他們委任我擔任國際治理、公家私營合作、與永續發展全球未來委員會的共同主席，以及永續發展投資夥伴的榮譽主席。這些討論的管道對本書有可觀的影響。

感謝亞當．鮑森（Adam Posen）和奧利維耶．布蘭查（Olivier Blanchard），他們以主人身分在彼得森國際經濟研究院接待我數個月，並驅策著我寫下我的想法。要不是他們，這本書就不可能寫成。我在他們那裡得到的開放環境和友善好奇心，在需要良好判斷的時刻裡，實在是令人驚奇的好運氣。

感謝所有投資「像橘子的藍永續基金」的人們，他們相信金融可以改善世界，而不只是報表上的盈虧。

感謝「像橘子的藍永續基金」的團隊，他們協助我身體力行書中的想法。特別要感謝艾默．

白格（Amer Baig）在英文版手稿編輯和審查過程中的耐心與支持。

我同時也要特別感謝尚・居尤（Jean Guyot）、尚・布瓦松納（Jean Boissonnat）和米歇・亞伯（Michel Albert），我與他們反覆討論書中所提出的問題。他們始終支持著我。

最後我要感謝我家中的兩位長輩伊曼紐與皮耶，他們實在過世得太早，是他們帶領我進入金融的奧祕並指引我踏出第一步。

國家圖書館出版品預行編目(CIP)資料

金融能否拯救世界？/ 巴特杭 . 巴德黑 (Bertrand Badré) 著 ; 謝樹寬譯 . -- 初版 . -- 臺北市 : 遠流 , 2018.10
面； 公分
譯自 : Can finance save the world? : regaining power over money to serve the common good
ISBN 978-957-32-8393-5(平裝)
1. 國際金融 2. 貨幣政策

561.8　　107017777

金融能否拯救世界？

Can Finance Save the World?

作　　者：巴特杭　巴德黑（Bertrand Badré）
譯　　者：謝樹寬
總監暨總編輯：林馨琴
責任編輯：楊伊琳
編輯協力：蔡宜珊
行銷企畫：張愛華
封面設計：張巖
內頁排版：邱方鈺

發 行 人：王榮文
出版發行：遠流出版事業股份有限公司
地址：臺北市10084南昌路二段81號6樓
電話：（02）3692-6899　傳真：（02）2392-6658
郵撥：0189456-1
著作權顧問：蕭雄淋律師

2018年10月31日　初版一刷

ISBN 978-957-32-8393-5

新台幣定價399元
（缺頁或破損的書，請寄回更換）

YLib 遠流博識網
http://www.ylib.com　E-mail:ylib@ylib.com